TU REY VIENE
para llevarte a casa

Gardner Bermúdez

Pacific Press®
Publishing Association
Nampa, Idaho | Oshawa, Ontario, Canada

Título: *Tu Rey viene*
Dirección editorial: Ricardo Bentancur
Redacción: Jael Elizabeth Jerez
Diseño de la portada: Jennifer Buyco
Arte de la portada: Gardner Bermúdez
Diseño del interior: Diane Aguirre

A menos que se indique lo contrario, el énfasis en cursiva en los textos bíblicos ha sido agregado por el autor.

Las citas tomadas de libros escritos por Elena G. de White pueden encontrarse en el sitio en Internet de la Ellen G. White Estate [El Patrimonio White], en https://egwwritings.org.

El autor se responsabiliza de la exactitud de los datos y textos citados en esta obra.

Puede obtener copias adicionales de este libro en www.libreriaadventista.com, o llamando al 1-888-765-6955.

P.O. Box 5353, Nampa, Idaho 83653
EE. UU. de N. A.

ISBN: 978-0-8163-9034-2

Printed in the United States of America

Enero 2026

Contenido

¡UN CURSO GRATUITO PARA USTED!

Si la lectura de este libro lo inspira a conocer más íntimamente la Biblia, tiene la oportunidad de iniciar un estudio provechoso y transformador de las Escrituras, sin gasto ni compromiso alguno de su parte.

Encuentre más información o estudie en linea en:
https://lavoz.org/cursos
o llene este cupón y envíelo por correo a:

La Voz de la Esperanza
P. O. Box 7279
Riverside, CA 92513
EE. UU. de N. A.

✂ -
copie o corte este cupón

Deseo inscribirme en un curso bíblico gratuito por correspondencia:

❑ Hogar Feliz (10 lecciones)
❑ Descubra (12 lecciones)

Nombre ______________________________

Calle y N° ______________________________

Ciudad ______________________________

Prov. o Estado ______________________________

Código Postal (Zip Code) ______________________________

País ______________________________

Introducción

Así como el primer rayo de sol que anuncia el amanecer y despierta alegría por lo que vendrá, también la gracia de la primera venida de Cristo enciende en nosotros el deseo ardiente de su regreso. Es como contemplar un atardecer tan perfecto que, al día siguiente, haces todo lo posible por volver al mismo lugar, a la misma hora, solo para revivir ese instante irrepetible.

Así sucede con quienes han descubierto a Jesús. Cuando comprenden su amor, su perdón y la nueva vida que ofrece, nace en ellos el profundo deseo de volver a verlo. Su regreso deja de ser una amenaza y se convierte en una promesa. No se puede anhelar la segunda venida de Jesús sin haber saboreado antes la belleza de la primera. Jesús volverá, pero su regreso solo será una buena noticia para quienes ya han caminado con él.

Cuando el apóstol Juan se encontró con Cristo, registró incluso la hora de aquel encuentro: "Era como la hora décima" (S. Juan 1:39). Ese encuentro, esa hora, marcó su vida para siempre, hasta llegar a escribir sus últimas palabras en Apocalipsis: "Amén, sí, ven, Señor Jesús" (Apocalipsis 22:20). Sin embargo, no todos comprenden esto. A lo largo de los siglos muchos se han confundido porque esperaban a un rey poderoso, no a un Salvador que ofreciera perdón. Al no entender que su primera venida anunciaba el reino de su gracia, no supieron cómo esperar su regreso en gloria. Hoy podríamos cometer el mismo error si no comprendemos por qué vino Jesús la primera vez.

> Así como el mensaje del primer advenimiento de Cristo anunciaba el reino de su gracia, el mensaje de su segundo advenimiento anuncia el reino de su gloria. El segundo mensaje, como el primero, está basado en las profecías.[1]

Ambos advenimientos están unidos por una misma verdad: Dios vino a buscarnos, y volverá para rescatarnos.

¿Te estás preparando para el regreso de Jesús? Aquí no se trata de temer, sino de confiar. Prepararse no es huir, es vivir con propósito. Es ver cada día como una oportunidad para acercarse más a Aquel que prometió volver. Si has probado su gracia, entonces sabes que su regreso no es el final, sino el comienzo de algo mucho mejor.

---

1. Elena G. de White, *El Deseado de todas las gentes*, p. 201.

Sección 1

El reino de gracia

"Pero Dios, que es rico en misericordia, por su gran amor con que nos amó, aun estando nosotros muertos en pecados, nos dio vida juntamente con Cristo (por gracia sois salvos), y juntamente con él nos resucitó, y asimismo nos hizo sentar en los lugares celestiales con Cristo Jesús, para mostrar en los siglos venideros las abundantes riquezas de su gracia en su bondad para con nosotros en Cristo Jesús" (Efesios 2:4-7).

Capítulo 1

El pacto de amor

El cuadro de Jim McClelland, que todavía olía a pintura fresca, fue colocado sobre la alfombra mientras el artista se alistaba para exhibirlo. De pronto, su gato entró del patio con las patas llenas de lodo y caminó tranquilamente a lo largo del lienzo, ¡dejando sus huellas sucias!

Le pregunté a mi profesor:

—¿Y qué hiciste? ¿Tuviste que pintar otro cuadro?

Me replicó:

—¡No! Sobre cada huella enlodada del gato pinté un pétalo. Agregué más pétalos hasta formar una margarita. Agregué otras flores y mariposas volando. Después de las pinceladas, nadie notó las pisadas en la exhibición.

Ciertamente, no le damos gracias al felino, sino al artista. La historia de este mundo ha sido enlodada muchas veces, pero el Arquitecto divino, con su paleta en mano, ha retocado el paisaje del planeta vez tras vez, pintando esperanzas para que sus hijos brillen aun entre el fango del mundo, por más que los manche el cieno. Tal vez tu vida tenga lugares sombríos, pero la providencia divina retoca tus pasos y las llena de esperanza.

¿Has visto alguna vez a una pareja que se ama tanto que hace todo por cuidar su relación, incluso cuando la vida se pone difícil? Se esfuerzan en mostrar su amor de manera recíproca, protegiéndose mutuamente. El amor verdadero requiere trabajo y compromiso. Así mismo, el Creador fundó una relación de amor y compromiso entre él y la primera pareja edénica: "Mandó Jehová Dios al hombre, diciendo: De todo árbol del huerto podrás comer; mas del árbol de la ciencia del bien y del mal no comerás; porque el día que de él comieres, ciertamente morirás" (Génesis 2:16, 17).

Una prueba de amor

Con el paso del tiempo, Adán y Eva desobedecieron y comieron el fruto prohibido. Como resultado, huyeron y se escondieron de la presencia divina, culpando a su propio benefactor. Fue como si tú tuvieras COVID-19 y cortaras tu propia cánula de oxígeno, rechazando la vida.

Pero la salvación es una iniciativa divina: "El Hijo del Hombre vino a buscar y a salvar lo que se había perdido" (S. Lucas 19:10). Después de la desobediencia, "Dios llamó al hombre, y le dijo: ¿Dónde estás tú? Y él respondió: Oí tu voz en el huerto, y tuve miedo, porque estaba desnudo; y me escondí" (Génesis 3:9, 10).

Así fue como Adán desató la primera pelea conyugal y comenzó una cadena de conflictos que aún hoy se repite cuando evitamos asumir responsabilidad: "¡La mujer que me diste por compañera me dio del árbol, y yo comí!" (Génesis 3:12). El triste resultado fue: "La paga del pecado es muerte" (Romanos 6:23). Dios, con tristeza, dio a conocer la sentencia y anunció la primera venida del Mesías Redentor: "Y pondré enemistad entre ti y la mujer, y entre tu simiente y la simiente suya; esta te herirá en la cabeza, y tú le herirás en el calcañar" (Génesis 3:15).

El pacto de amor

Imagina si tuvieras dos hijos, y sabes que uno de ellos está perdido. ¿Dejarías de lado al perdido solo porque tienes otro hijo? ¡Seguro que no! Lo buscarías incansablemente hasta encontrarlo. Así, Dios no creó otro Adán ni otro Edén para "reemplazar" a los primeros; al contrario, en un acto de amor inigualable salvó a sus hijitos.

"Como el padre se compadece de los hijos, se compadece Jehová de los que le temen" (Salmo 103:13). Muchos deciden no acercarse a Cristo por miedo al rechazo, como un joven que prefiere no regresar a casa después de haber cometido un error, pensando que ya no será bienvenido. Sin embargo, Jesús no te pide que primero arregles tus problemas, ni que le demuestres que mereces su perdón. Puedes acercarte a él tal como estás: con todas tus cargas, tus luchas, tus errores... La gracia de Dios es la que transforma la vida de quienes lo aceptan, no tus "buenas obras".

El pacto de amor fue traspasado por Adán. Así, el hombre se divorció del pacto que unía a la humanidad con el Cielo. El drama del pecado separó a los seres humanos de su Creador: "Mas ellos, cual Adán, traspasaron *el pacto*; allí prevaricaron contra mí" (Oseas 6:7).[1]

¿Alguna vez rompiste una amistad que luego deseabas reparar? Se siente como un espejo roto, ¿verdad? Por más que intentes unir las piezas y pegarlas, siempre quedan marcas.

En el Palacio de Versalles vi espejos tan valiosos que, si se rompieran, ni el dinero ni las disculpas los restaurarían. Así fue el pacto entre Dios y nosotros cuando el pecado lo quebró. No había forma humana de arreglarlo. Solo la sangre de Cristo pudo restaurar esa relación sin dejar cicatrices. Su amor es el único que repara por completo.

Al mirar a Cristo crucificado, entendemos la razón de su primer advenimiento. Si hubiera sido tan fácil resolver el problema del pecado, Dios lo habría hecho desde el cielo, sin la necesidad de venir a la tierra. Pero el pecado contamina, envilece y nos lleva a rechazar la ayuda divina.

Hace poco, vi en un documental cómo un lince atrapado se resistía con furia a quienes intentaban salvarlo. Así actuamos muchas veces: como ese animal herido que se defiende de quien busca sanarlo; o como el paciente que rechaza al paramédico, o el joven que no acepta la mano del bombero que quiere evitar su caída al precipicio. A veces actuamos como quien ignora el clamor de una madre desesperada por rescatar a su hijo de las adicciones. Cada impulso recibido del amor de Cristo es un llamado directo: "¿Cómo podré abandonarte...? Mi corazón se conmueve dentro de mí, se inflama toda mi compasión" (Oseas 11:8).

Jesús me hace reconocer mi realidad con esperanza

Hace algunos años, a unos setecientos metros de profundidad, quedaron atrapados 33 mineros por causa de un derrumbe en la mina San José, en Chile. Fueron días desesperantes para ellos y sus familias, hasta que finalmente fueron rescatados vivos 69 días después, el 13 de octubre de 2010, gracias a la labor sabia y conjunta de los rescatistas. De manera similar, el pecado nos sepultó tan profundamente que solo una intervención divina podía alcanzarnos. ¿Cómo lo sabemos?

El pacto de amor

> Cuanto más plenamente comprendemos el amor de Dios, más nos percatamos de la pecaminosidad del pecado. Cuando vemos cuán larga es la cadena que se nos arrojó para rescatarnos, cuando entendemos algo del sacrificio infinito que Cristo hizo en nuestro favor, nuestro corazón se derrite de ternura y contrición.[2]

Solo cuando vemos la cuerda que usaron para sacarnos, comprendemos cuán profunda era la fosa. "Porque de tal manera amó Dios al mundo, que ha dado a su Hijo unigénito, para que todo aquel que en él cree, no se pierda, mas tenga vida eterna" (S. Juan 3:16).

¡Aprendamos y vivamos su maravillosa gracia!

El escenario del Edén cambió radicalmente cuando Adán y Eva recibieron la promesa del reino de la gracia, que se haría realidad en la persona de Cristo: "Y pondré enemistad entre ti y la mujer, y entre tu simiente y la simiente suya..." (Génesis 3:15). Cristo pagaría con su vida el precio del pecado.

Este mismo concepto fue ampliado por Jesús a Nicodemo cuando le dijo que moriría en la cruz como nuestro sustituto, garante o fiador: "Y como Moisés levantó la serpiente en el desierto, así *es necesario que el Hijo del Hombre sea levantado*, para que todo aquel que en él cree, no se pierda, mas tenga vida eterna" (S. Juan 3:14, 15). ¡El Sastre divino del cuerpo y del alma! Después de caer, Adán y Eva intentaron cubrir su vergüenza con hojas, pero Dios los vistió con pieles. Fue como una madre que, con ternura, limpia y cambia a su bebé (ver Génesis 3:7, 21).

Dios no solo les dio ropa, sino que les ofreció algo más profundo: su justicia. Así como una prenda abriga el cuerpo, su gracia cubre nuestra culpa y nos da una nueva esperanza. El Señor es más que un sastre. Confecciona el traje a la medida. Más que ropa, ofrece su justicia, ese abrigo que cubre con esperanza nuestra desnudez espiritual y moral. "Y Jehová Dios hizo al hombre y a su mujer túnicas de pieles, y los vistió" (Génesis 3:21).

El Mesías es capaz de vestir todas las tallas humanas. Su almacén celestial tiene todas las medidas, telas e hilos para ti y para mí. Su sangre expiatoria es suficiente en su telar. Puedes comprar el abrigo más costoso, pero vivir con el frío del egoísmo, el resentimiento, la culpa y la indiferencia. Su pacto de amor fue restituido pues "Fuimos reconciliados con Dios por la muerte de su Hijo" Rom.5:10

¿Has sentido alguna vez que no puedes más con tu vida? Sin fuerzas para seguir luchando, cansado de ver siempre los mismos resultados, frustrado, desanimado... Hoy, el almacén divino te ofrece su propio manto de justicia gratuitamente: "En gran manera me gozaré en Jehová, mi alma se alegrará en mi Dios; porque me *vistió con vestiduras de salvación*, me rodeó de *manto de justicia*, como a novio me atavió, y como a novia adornada con sus joyas" (Isaías 61:10).

---

1. A menos que se indique lo contrario, el énfasis en cursiva en los textos bíblicos ha sido agregado por el autor.

2. Elena G. de White, *El camino a Cristo*, p. 36.

Capítulo 2

El Cielo se mudó a mi patio en una carpa

Cuando conocemos el verdadero carácter del pecado, entendemos que el Cielo tuvo que mudarse a la tierra en la persona de Jesús, y acampar en una carpa con los seres humanos. Esto sucedió en su primer advenimiento. "Y aquel Verbo fue hecho carne, y habitó entre nosotros (y vimos su gloria, gloria como del unigénito del Padre), lleno de gracia y de verdad" (S. Juan 1:14).

La traducción literal en griego para "habitó" es *skénoó* (ἐσκήνωσεν), que significa "morar en una tienda, acampar, montar un tabernáculo.[1] La traducción literal es: "Y aquel Verbo fue hecho carne, y puso su tienda o tabernáculo entre nosotros". Es decir, Jesús instaló su carpa y vivió en el vecindario de nuestro planeta. Lo extraño es que, mientras los refugiados buscan seguridad, Jesús vino al lugar más inseguro, nuestro universo, a fin de salvarnos.

El Cordero provisto antes de la fundación del mundo

"Uno solo es el dador de la ley, que puede salvar y perder..." (Santiago 4:12). Desde el Antiguo Testamento, Dios enseñó que nadie podría pagar la salvación con buenas obras sino por la sangre de Cristo, tipificado por un cordero. Apocalipsis llama a Cristo "el Cordero que fue inmolado *desde el principio del mundo*" (Apocalipsis 13:8). Cuando Juan el Bautista vio a Jesús que venía a él, dijo: "He aquí el Cordero de Dios, que quita el pecado del mundo" (S. Juan 1:29).

Por su parte, Pedro presenta al Cordero que nos rescató gratuitamente antes de la creación de nuestro mundo, pero que fue revelado a su tiempo: "Sabiendo que *fuisteis rescatados* de vuestra vana manera de vivir, la cual recibisteis de vuestros padres, no con cosas corruptibles, como oro o plata, sino con *la sangre preciosa de Cristo*, como de un cordero sin mancha y sin contaminación, ya destinado desde *antes de la fundación del mundo*, pero manifestado en los postreros tiempos por amor de vosotros" (1 Pedro 1:18-20).

La salvación nunca fue comprada

¿Has intentado salvarte a ti mismo mediante tus buenas obras? Algunos imaginan la salvación como si fuera una historia llena de ternura: un niño que llega a la tienda con unas pocas moneditas para comprar un juguete y, al no tener lo suficiente, el comerciante, conmovido, se lo regala. De manera equivocada se predica que, como el ser humano no pudo alcanzar la salvación por sus méritos, entonces Dios decidió dársela como un regalo. Pero el Antiguo Testamento nos dice: "Yo sanaré su rebelión, los amaré *de pura gracia*; porque mi ira se apartó de ellos" (Oseas 14:4).

La Biblia es clara cuando declara que nadie puede redimirse a sí mismo ni a otro ser humano. "Ninguno de ellos podrá en manera alguna redimir al hermano, ni dar a Dios su rescate (porque *la redención de su vida es de gran precio, y no se logrará jamás*)" (Salmo 49:7, 8).

Las obras son el resultado del poder vivificante de su amor: "Porque por gracia sois salvos por medio de la fe; y esto no de vosotros, pues es don de Dios; no por obras, para que nadie se gloríe. Porque somos hechura suya, *creados en Cristo Jesús para buenas obras*, las cuales Dios preparó de antemano para que anduviésemos en ellas" (Efesios 2:8-10).

El reino de la gracia *es* Cristo, quien no vino al mundo con tronos, coronas o ejércitos, sino humildemente, caminando en sandalias y predicando: "El tiempo se ha cumplido, y *el reino de Dios se ha acercado*; arrepentíos, y creed en el evangelio" (S. Marcos 1:15). Cuando los fariseos le preguntaron a Jesús cuándo había de venir el reino de Dios, él les respondió: "El reino de Dios no vendrá con advertencia, ni dirán: Helo aquí, o helo allí; porque he aquí *el reino de Dios está entre vosotros*" (S. Lucas 17:20, 21). Jesús estaba diciendo: "El reino de Dios es donde yo estoy. Yo soy la prueba de la gracia de Dios". Cada parábola era una ventana al corazón del Rey y a los principios de su gobierno.

El reino de Cristo explicado en parábolas

En los Evangelios encontramos múltiples enseñanzas acerca del reino de Dios que Jesús ilustró mediante parábolas. Algunas de ellas son:

- *El trigo y la cizaña:* "El reino de los cielos es semejante a un hombre que sembró buena semilla en su campo" (S. Mateo 13:24).
- *El crecimiento de la semilla:* "Así es el reino de Dios,

como cuando un hombre echa semilla en la tierra" (S. Marcos 4:26).

- *El grano de mostaza:* "El reino de los cielos es semejante al grano de mostaza, que un hombre tomó y sembró en su campo" (S. Mateo 13:31).
- *La levadura:* "El reino de los cielos es semejante a la levadura que tomó una mujer, y escondió en tres medidas de harina, hasta que todo fue leudado" (S. Mateo 13:33).
- *La perla de gran precio:* "También el reino de los cielos es semejante a un mercader que busca buenas perlas, que habiendo hallado una perla preciosa, fue y vendió todo lo que tenía, y la compró" (S. Mateo 13:45, 46).
- *Tesoros nuevos y viejos:* "Por eso todo escriba docto en el reino de los cielos es semejante a un padre de familia, que saca de su tesoro cosas nuevas y cosas viejas" (S. Mateo 13:52).
- *El siervo que no quiso perdonar:* "Por lo cual el reino de los cielos es semejante a un rey que quiso hacer cuentas con sus siervos" (S. Mateo 18:23).
- *Los obreros de la viña:* "Porque el reino de los cielos es semejante a un hombre, padre de familia, que salió por la mañana a contratar obreros para su viña" (S. Mateo 20:1).
- *Las diez minas:* "Un hombre noble se fue a un país lejano para recibir un reino y volver" (S. Lucas 19:12).
- *La fiesta de boda:* "El reino de los cielos es semejante a un rey que hizo fiesta de bodas a su hijo" (S. Mateo 22:2).

- *Las diez vírgenes:* "Entonces el reino de los cielos será semejante a diez vírgenes que, tomando sus lámparas, salieron a recibir al esposo" (S. Mateo 25:1).
- *Los talentos:* "Porque el reino de los cielos es como un hombre que yéndose lejos, llamó a sus siervos y les entregó sus bienes" (S. Mateo 25:14).

Una invitación personal

La misma gracia que nos perdona, nos da fuerzas y nos hace vencedores, hoy tiene una invitación para ti. ¿La aceptas? Su providencia te guiará hacia la salvación.

Antes de navegar en las profecías del segundo advenimiento y el reino de su gloria, conozcamos al personaje central. Como dijo Marvin Moore, hablando de las profecías bíblicas: "Por lo tanto, uno de los primeros principios para enseñar cualquier profecía no es comenzar por ella. Comience con Jesús. Comience con el plan de salvación. Comience con una preocupación por las almas para verlas salvas en el reino de Dios".[2]

¿Cuántas personas han sido invitadas a fiestas con cuyos anfitriones no han tenido mucha relación? En el caso del reino de gloria, los invitados son conocidos perfectamente por su anfitrión, Jesús. La razón por la cual Jesús también entiende al peregrino es porque ese reino de gracia vino a nuestro planeta y se hizo carne, tal como afirma el Evangelio de San Juan: "En el principio era el Verbo, y el Verbo era con Dios, y el Verbo era Dios. Este era en el principio con Dios. Todas las cosas por él fueron hechas, y sin él nada de lo que ha sido hecho, fue hecho... Y aquel Verbo fue hecho carne, y habitó entre nosotros (y vimos su gloria, gloria como del unigénito del Padre), lleno de gracia y de verdad" (S. Juan 1:1-3, 14).

Cristo mismo se puso nuestra ropa y se identificó como uno de nosotros. En extrema necesidad dijo: "Las zorras tienen guaridas, y las aves de los cielos nidos; mas el Hijo del Hombre no tiene dónde recostar la cabeza" (S. Lucas 9:58).

Cierto día, Carlos me dijo: "Viajé mucho para venir a Norteamérica tras otros horizontes, pero aquí encontré el mayor tesoro: mi salvación. Un día fui invitado a estudiar la Palabra, y descubrí que Cristo y su providencia me habían guiado a la paz y la esperanza. Ya no seré más un peregrino, porque tendré una patria mejor".

El Peregrino celestial ¿sigue en tu patio?

Aun si vives en tierra ajena y añoras tu terruño, esta promesa es para ti: "Así que ya no sois extranjeros ni advenedizos, sino conciudadanos de los santos, y miembros de la familia de Dios" (Efesios 2:19). Cuando Dios llamó al padre de la fe para que se alejara de su pueblo y de sus familiares (Génesis 12:1-3), no le facilitó un itinerario ni mapas, como sucede con algunos migrantes que, con mochilas en la espalda, cargan ilusiones y planes. Lleno de desafíos, Abraham partió con su caravana para habitar en tiendas temporales, con la esperanza de una ciudad prometida: "Por la fe Abraham, siendo llamado, obedeció para salir al lugar que había de recibir como *herencia*; *y salió sin saber a dónde iba*" (Hebreos 11:8).

Y tú, ¿qué habrías hecho en su lugar? ¿Abordarías un autobús cuyo destino desconoces? Pues fue exactamente eso lo que hizo el patriarca: "Por la fe habitó como extranjero en la tierra prometida como en tierra ajena, *morando en tiendas* con Isaac y Jacob, coherederos de la misma promesa" (vers. 9).

Presta atención a este detalle: "morando en *tiendas*". Las tiendas o carpas son moradas móviles, que llevan un mensaje implícito: "Soy extranjero en este campamento, esta no es mi casa". Aunque Abraham salió sin saber adónde iba, finalmente entendió que el mapa de Dios señalaban su destino eterno y sellaba la verdadera casa de sus sueños: ¡la Nueva Jerusalén celestial! Abraham "esperaba *la ciudad* que tiene fundamentos, *cuyo arquitecto y constructor es Dios*" (vers. 10).

¿Te gusta la ciudad donde vives ahora? Nuestro lugar de residencia en esta tierra puede cambiar. Aunque algunos no tienen posibilidades de elegir dónde vivir, ya sea por cuestiones económicas o de salud; otros se mudan por razones laborales o académicas, para estar más cerca de su lugar de empleo o estudio. Pero por más prometedor y seguro que sea el lugar que te cobije, nuestro destino final es mejor: es el lugar prometido por Jesús. Todavía estamos en tránsito hacia el Edén, y somos extranjeros en una carpa.

Cristo, el peregrino, ya levantó su tienda... ¿Se fue de tu patio o de tu vida? ¿Quisieras unirte a su viaje hacia su reino de gloria? Acepta hoy su tierna invitación.

---

1. *Strong's Exhaustive Concordance*, en https://biblehub.com/john/1-14.htm#lexicon.

2. Marvin Moore, *¿Será que podría pasar?* (Nampa, Idaho: Pacific Press Publishing Association, 2008), p. 264.

Capítulo 3

La universidad del desierto

Imagina que entras al Santuario en medio del desierto, ese que Dios le indicó a Moisés que construyera (Éxodo 25:8). Allí habrías aprendido valiosas lecciones con tus cinco sentidos plenamente activados: podrías *ver* a los animales, *tocar* su piel y poner tus manos sobre ellos, *oír* la confesión del pecador que colocaba sus manos sobre la cabeza del animal, *oler* la sangre y el humo de los sacrificios y *saborear* la carne asada del cordero. Todo esto superaba incluso una clase con tecnología audiovisual.

Planificación y objetivos claros del reino

Los sacrificios que se realizaban en el Santuario terrenal no eran rituales vacíos; simbolizaban el sacrificio del Mesías y enseñaban que la salvación no se obtiene por méritos humanos, sino por la gracia divina. Ese era el reino que Jesús vino a predicar: el evangelio, que ya estaba presente en el Antiguo Testamento.

Moisés habló de Jesús en el Pentateuco, y Jesús lo confirmó: "Porque si creyeseis a *Moisés*, me creeríais a mí, *porque de mí escribió él*. Pero si *no creéis a sus escritos, ¿cómo creeréis a mis palabras*?" (S. Juan 5:46, 47). Ignorar lo que sucedía en el Santuario del antiguo pueblo de Israel, con sus leyes, ritos y símbolos (Levítico 23), equivale a no comprender la obra del gran plan de salvación. Allí se revelaba a Cristo, quien tomaría nuestro lugar.

Implementación de las estrategias didácticas del reino

Dios enseñaba mediante figuras y símbolos, y los rituales y sacrificios representaban de forma visible al Cordero inmolado. En camino a Emaús, Jesús destacó la importancia de conocer las profecías del Antiguo Testamento que se cumplieron en su primer advenimiento. Dos seguidores de Jesús caminaban hacia Emaús, un pueblo a once kilómetros de Jerusalén. Sentían profunda incertidumbre y estaban descorazonados, pues no habían comprendido la misión ni la muerte del Mesías. Sin embargo, mientras caminaban, Cristo se acercó y anduvo con ellos. Veló sus ojos para que no lo reconocieran, y luego les abrió las profecías del Antiguo Testamento sobre su primer advenimiento: "Y comenzando desde *Moisés*, y siguiendo por todos *los profetas*, les declaraba en *todas las Escrituras lo que de él decían*" (S. Lucas 24:27). Más tarde Jesús se apareció a sus apóstoles y les dijo: "Estas son las palabras que os hablé, estando aún con vosotros: que era necesario que se cumpliese *todo* lo que está escrito de mí en la *ley de Moisés*, en *los profetas* y en *los salmos*" (S. Lucas 24:44).

Cristo no improvisó; todo estaba escrito. Su enseñanza fue una clase magistral de cómo interpretar las Escrituras con la mentalidad del reino.

Evaluación continua del progreso del reino

Y nosotros, ¿Comprendemos el mensaje del Santuario y el

plan de salvación? ¿Estamos listos para nacer de nuevo, para relacionarnos con Dios de manera viva y sincera?

El evangelio está presente tanto en el Antiguo como en el Nuevo Testamento. Las leyes ceremoniales, celebradas a través de símbolos, figuras y sacrificios en los altares del Santuario terrenal, eran como un álbum de fotografías de la obra redentora de Jesús, páginas que mostraban por anticipado su amor crucificado.

Estos ritos no eran celebraciones vacías ni reuniones sociales. No se trataba de asados rituales, sino de actos de fe. Desde el principio, Adán y Eva se convirtieron en los primeros alumnos del primer advenimiento del reino de gracia. Por medio de la fe transmitieron la esperanza a sus hijos.

Abel lo entendió. Ofreció a Dios un sacrificio aceptable. Génesis 4:4 y 5 dice: "Y Abel trajo también de los primogénitos de sus *ovejas*, de lo más gordo de ellas. Y miró Jehová con agrado a Abel y a su ofrenda; pero no miró con agrado a Caín y a la ofrenda suya. Y se ensañó Caín en gran manera, y decayó su semblante". El sacrificio del animal era un tipo de Cristo que moriría por nuestros pecados. Mientras Caín rechazó el plan educativo de la salvación, "por la fe Abel ofreció a Dios más *excelente sacrificio* que Caín, por lo cual alcanzó *testimonio de que era justo*, dando Dios *testimonio de sus ofrendas*; y muerto, aún habla por ella" (Hebreos 11:4).

Noé también ofreció sacrificios aceptables: "Y edificó Noé *un altar* a Jehová, y tomó de todo animal limpio y de toda ave limpia, y *ofreció holocausto en el altar*" (Génesis 8:20). Así, "*Noé halló gracia* ante los ojos de Jehová" (Génesis 6:8).

El contraste entre ellos es claro: fe versus incredulidad, aceptación versus rechazo. Todos ellos vivieron el pacto de gracia mediante la fe.

El profeta Habacuc afirmó: "He aquí que aquel cuya alma no es recta, se enorgullece; mas el justo *por su fe vivirá*" (Habacuc 2:4). Y Pablo lo repitió: "Porque en el evangelio la justicia de Dios se revela por fe y para fe, como está escrito: *Mas el justo por la fe vivirá*" (Romanos 1:17). El padre de la fe, Abraham, fue justificado por gracia y no por obras: "Porque si Abraham fue justificado por las obras, tiene de qué gloriarse, pero no para con Dios. Porque ¿qué dice *la Escritura*? *Creyó* Abraham a Dios, y *le fue contado por justicia*" (Romanos 4:2, 3). Y David lo confirmó: "Como también David habla de la bienaventuranza del hombre a quien Dios atribuye *justicia sin obras*" (Romanos 4:6; ver Salmo 32:1, 2).

Nicodemo, confiado es sus buenas obras, fue confrontado por Jesús: "Respondió Jesús: De cierto, de cierto te digo, que *el que no naciere de nuevo, no puede ver el reino de Dios*" (S. Juan 3:3). El ser humano necesita *nacer del reino*. Aprovechemos las oportunidades para aceptarlo y orar por sabiduría, antes de que todo cambie cuando el Cordero de Dios regrese por segunda vez. Como en un reencuentro familiar, la emoción o el temor dependen del tipo de relación que hayamos cultivado. La gran pregunta es: ¿Has nacido en el reino? ¿Anhelas encontrarte con el Cordero... o temes su regreso?

Hoy es el día de la salvación. Jesús desea tener una relación saludable contigo: "Porque mis pensamientos no son vuestros pensamientos, ni vuestros caminos mis caminos, dijo Jehová.

Como son más altos los cielos que la tierra, así son mis caminos más altos que vuestros caminos, y mis pensamientos más que vuestros pensamientos" (Isaías 55:8, 9).

Aplicación personal del reino de Cristo

El reino de la gracia sigue tocando puertas, y una de ellas es tu corazón. Dios sigue obrando en tu vida, si lo permites, en el momento oportuno. Encuentra a Jesús en su Palabra.

Recuerdo cuando le pregunté a mi abuelo, a quien cariñosamente llamábamos "papá Adán", cómo conoció a Jesús. Sonrió y me contó:

—De joven, caminando por una calle, vi una casa con la puerta abierta. Sobre una silla junto a la entrada había un libro de cantos dorados. Me atrajo tanto que lo tomé sin permiso. Al llegar a casa descubrí que era una Biblia. Al abrirla, leí: "A todos los sedientos: Venid a las aguas; y *los que no tienen dinero*, venid, comprad y comed. Venid, *comprad sin dinero y sin precio*, vino y leche" (Isaías 55:1). Entonces pensé: *No la robé... ¡esta Biblia es mía!*".

Empezó a leerla, asistió a conferencias bíblicas adventistas, se bautizó, y al leer en los Diez Mandamientos encontró: "No robarás" (Éxodo 20:15, RVC). Avergonzado, devolvió la Biblia y confesó lo ocurrido. La dueña, le respondió:

—No se preocupe. No quería esa Biblia en mi casa; la dejé para que alguien la tomara. ¡La Biblia es suya!

No digo que ese sea el método para encontrar a Jesús, pero la promesa se cumplió: "Así será mi palabra que sale de mi boca; no volverá a mí vacía" (Isaías 55:11). El reino de la gracia es como una piedra que cae al agua: una onda genera otra, y otra más... ¿Quién imaginaría que, por esa Biblia, conocieron a Cristo mi abuelo, mi madre, yo... y luego nuestros tres hijos?

Como Saulo de Tarso en camino a Damasco, Dios puede interrumpir tu ruta y darte un nuevo destino. Puede obrar aun en hogares rotos y corazones culpables. Como el ladrón en la cruz, basta con creer en el momento preciso. Dios rescata lo que el diablo quiso arruinar... si lo permites. No lees esto por casualidad. Estás en la escuela del reino. Dios te habla empezando de lo sencillo, hasta lo eterno.

La esencia de la fe verdadera es hacer lo correcto a tiempo. Hoy, el reino de la gracia sigue en desarrollo y tú eres parte del plan. Como dijo Elena G. de White, autora religiosa de renombre: "La esencia misma de toda fe genuina es hacer lo correcto en el tiempo oportuno. Dios es el Gran Artífice y en su providencia prepara el camino para que su obra concluya".[1]

---

1. Elena G. de White, Testimonios para la iglesia, t. 6, p. 33.

Capítulo 4

Las profecías cumplidas del reino de la gracia

El pecado no necesita invitación para crecer. Es como una semilla de diente de león, esa planta que pocas damas desean ver en sus jardines, que prospera sin riego, fertilizante ni cuidado. Sus raíces resisten el invierno y sobreviven a la sequía. Así es el pecado: invasivo, persistente e indomable por medios humanos. Solo el reino de la gracia de Cristo puede arrancarlo de raíz. Las debilidades y tendencias no se vencen con fuerza humana; solo Dios puede extirparlas del alma.

El nuevo nacimiento en el reino de la gracia

¿Qué se necesita para heredar el reino de Dios? Jesús fue claro con Nicodemo: "De cierto, de cierto te digo, que el que no naciere de nuevo, no puede ver el reino de Dios" (S. Juan 3:3). Solo un nuevo nacimiento puede abrirnos las puertas del reino eterno.

> La educación, la cultura, el ejercicio de la voluntad, el esfuerzo humano, todos tienen su propia esfera, pero no tienen poder para salvarnos. Pueden producir una corrección externa de la conducta, pero no pueden cambiar el corazón; no pueden purificar las fuentes de la vida. Debe haber un poder que obre desde el interior, una vida nueva de lo alto, antes que el hombre pueda convertirse del pecado a la santidad. Ese poder

es Cristo. Únicamente su gracia puede vivificar las facultades muertas del alma y atraer ésta a Dios, a la santidad.[1]

Puedes buscar nuevos horizontes y propósitos que te acerquen al reino de Dios. Habla con Cristo, ábrele tu corazón, cuéntale tus luchas y fracasos. No esperes ser "mejor" para buscarlo; pídele un nuevo corazón. Estudia su Palabra y él te dará esperanza, propósitos y bendiciones que transforman la vida.

Profecías del Mesías cumplidas en Jesús

El Cielo no calla ante lo eterno. Al llegar la hora del cumplimiento, algunos no dormían espiritualmente. Los ritos del Santuario les recordaban que el Mesías vendría, y muchos esperaron vigilantes. Hombres y mujeres sinceros escudriñaban las Escrituras y vieron cumplirse, una a una, las profecías en la vida de Jesús.

¿Quién subió al cielo, y descendió?
¿Quién encerró los vientos en sus puños?
¿Quién ató las aguas en un paño?
¿Quién afirmó todos los términos de la tierra?
¿Cuál es su nombre, y el nombre de su hijo, si sabes?
(Proverbios 30:4).

Algunos ya escudriñaban las profecías, como cuando "Felipe halló a Natanael, y le dijo: Hemos hallado a aquel de quien escribió *Moisés* en *la ley*, así como *los profetas*: a Jesús, el hijo de José, de Nazaret" (S. Juan 1:45). O como la mujer samaritana, que le dijo a Jesús: "Sé que ha de venir *el Mesías, llamado el*

Cristo; cuando él venga nos declarará todas las cosas. Jesús le dijo: Yo soy, el que habla contigo" (S. Juan 4:25, 26).

Cada detalle estaba anunciado:

- *Moriría en la cruz:* "Y pondré enemistad entre ti y la mujer, y entre tu simiente y la simiente suya; esta te herirá en la cabeza, y tú le herirás en el calcañar" (Génesis 3:15; S. Juan 3:14).
- *Nacería de una virgen:* "Por tanto, el Señor mismo os dará señal: He aquí que la virgen concebirá, y dará a luz un hijo, y llamará su nombre Emanuel" (Isaías 7:14; S. Mateo 1:18-25).
- *Lugar de nacimiento:* "Pero tú, Belén Efrata, pequeña para estar entre las familias de Judá, de ti me saldrá el que será Señor en Israel; y sus salidas son desde el principio, desde los días de la eternidad" (Miqueas 5:2; S. Mateo 2:1-12).
- *Aparición de su estrella:* "Lo veré, mas no ahora; lo miraré, mas no de cerca; saldrá ESTRELLA de Jacob..." (Números 24:17; S. Mateo 2:2).
- *Su ministerio profetizado por Daniel:* su bautismo y su muerte (Daniel 9:24-27; ver gráfico al final de esta lista).*
- *Sufriría por nuestros pecados:* "Ciertamente llevó él nuestras enfermedades, y sufrió nuestros dolores; y nosotros le tuvimos por azotado, por herido de Dios y abatido" (Isaías 53:4; S. Juan 19:1-37).
- *Sería traicionado:* "Aun el hombre de mi paz, en quien yo confiaba, el que de mi pan comía, alzó contra mí el calcañar" (Salmo 41:9; S. Juan 13:18).

Las profecías cumplidas del reino de la gracia

- *Sería ultrajado:* "Di mi cuerpo a los heridores, y mis mejillas a los que me mesaban la barba; no escondí mi rostro de injurias y de esputos" (Isaías 50:6; S. Mateo 26:67; 27:30).
- *Repartirían sus ropas:* "Repartieron entre sí mis vestidos, y sobre mi ropa echaron suertes" (Salmo 22:18; S. Mateo 27:35).
- *Sería traspasado:* "Y mirarán a mí, a quien traspasaron..." (Zacarías 12:10; S. Juan 19:34-37).
- *No quebrarían sus huesos:* "Él guarda todos sus huesos; ni uno de ellos será quebrantado" (Salmo 34:20; S. Juan 19:32, 33).
- *Sería el Cordero:* "Angustiado él, y afligido, no abrió su boca; como cordero fue llevado al matadero; y... enmudeció, y no abrió su boca" (Isaías 53:7; S. Mateo 27:12-14).
- *Su vida y ministerio se reflejan en las fiestas ceremoniales:* Levítico 23.

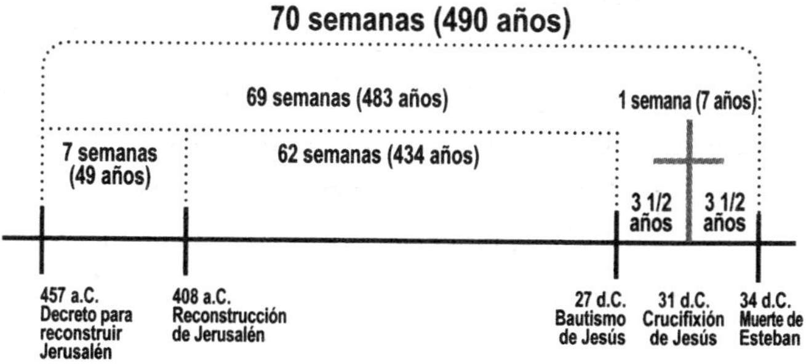

La historia y la arqueología hablan de Jesús

¿Qué podemos aprender de la historia y la arqueología que

confirman lo que Jesús profetizó, por ejemplo, sobre la destrucción de Jerusalén? "¿Veis todo esto? De cierto os digo, que no quedará aquí piedra sobre piedra, que no sea derribada" (S. Mateo 24:2).

Recuerdo haber contemplado, a lo lejos, el imponente Coliseo Romano. Junto a él se erige el Arco de Tito, construido en el primer siglo por el emperador Domiciano para conmemorar la conquista y destrucción de Jerusalén en el año 70 d.C. El paganismo romano dejó grabados dentro de ese arco los relatos del asedio, como si fueran reporteros del primer siglo, aunque en vez de tinta y papel, usaron martillos y cinceles. Esas imágenes aún resuenan como titulares esculpidos, testigos silenciosos de una profecía cumplida.

Allí, entre los relieves, se aprecian utensilios y muebles sagrados: el candelabro de siete brazos, la mesa de los panes de la proposición... los mismos elementos que Dios describió a Moisés en el Pentateuco, que fue escrito durante el siglo XV a. C.[2]

El evangelio de Jesús estaba representado en esos símbolos del Santuario: "Porque el tabernáculo estaba dispuesto así: en la primera parte, llamada el Lugar Santo, estaban el candelabro, la mesa y los panes de la proposición" (Hebreos 9:2). Y en el libro de Apocalipsis, el apóstol Juan vio al Hijo del Hombre en medio de los candelabros en el Santuario celestial: "Y me volví para ver la voz que hablaba conmigo; y vuelto, vi siete candeleros de oro, 13 y en medio de los siete candeleros, a uno semejante al Hijo del Hombre..." (Apocalipsis 1:12, 13).

La historia no pudo ignorarlo

Cristo no pasó desapercibido. Su presencia dividió el tiempo y cambió el curso del mundo. Como vimos en los capítulos anteriores, las profecías bíblicas se cumplieron con exactitud. Y la historia esculpida en piedra lo confirma. Muchos aceptan al Cristo histórico, pero no lo aceptan como el Salvador. Nuestro mundo celebra el legado de hombres de ciencia, sabios, artistas y filósofos griegos como Platón (427-347 a.C.), Heródoto (484-425 a.C.) y Homero (siglo VIII a.C.); y millones de autores cristianos y no creyentes también aceptan al Cristo histórico. Jesús no es un *influencer* [influyente] de las redes sociales. La presencia de Cristo segmentó la historia del planeta. Nadie dice: "antes de Platón" o "después de Isaac Newton", sino "antes de Cristo" y "después de Cristo".

¡Entonces, Jesús vino! Las piedras aún lo proclaman. Los manuscritos lo confirman. Y lo más poderoso de todo: su gracia transformadora sigue escribiendo nuevas historias. Somos cartas vivas, testigos andantes de Jesús. "Es evidente que ustedes son una carta escrita por Cristo y expedida por nosotros; carta que no fue escrita con tinta sino con el Espíritu del Dios vivo, y no en tablas de piedra sino en las tablas de corazones que sienten" (2 Corintios 3:3, RVC).

Tu vida transformada es un mensaje poderoso, un "periódico andante" que anuncia el reino de la gracia y confirma que las promesas se cumplen. En casa, en la escuela o en la calle, otros leen en ti el mensaje de Jesús. Las aves y los peces no dejan huellas, pero quien ha sido sanado es el mejor para hablar del poder del Médico. ¿Lo aceptas?

---

1. Elena G. de White, *El camino a Cristo*, p. 18.
2. *Andrews Bible Commentary: Old Testament* (Berrien Springs, Michigan: Andrews University Press, 2020), p. 124.

SECCIÓN 2

El reino de gloria

"Porque he aquí que yo crearé nuevos cielos y nueva tierra; y de lo primero no habrá memoria, ni más vendrá al pensamiento. Mas os gozaréis y os alegraréis para siempre en las cosas que yo he creado; porque he aquí que yo traigo a Jerusalén alegría, y a su pueblo gozo. Y me alegraré con Jerusalén, y me gozaré con mi pueblo; y nunca más se oirán en ella voz de lloro, ni voz de clamor" (Isaías 65:17-19).

Capítulo 5

Venga tu reino de gracia y de gloria

La victoria de Cristo en su primera venida abrió el camino de nuestra redención. Su sacrificio encendió una luz de esperanza en medio de la oscuridad, y la senda que el Cielo trazó se iluminó con la promesa de su regreso triunfante. ¡La historia aún no ha terminado; lo mejor está por venir!

> Así también *Cristo fue ofrecido una sola vez* para llevar los pecados de muchos; y *aparecerá por segunda vez*, sin relación con el pecado, para salvar a los que le esperan (Hebreos 9:28).

> No se turbe vuestro corazón; creéis en Dios, creed también en mí. En la casa de mi Padre muchas moradas hay; si así no fuera, yo os lo hubiera dicho; *voy, pues, a preparar lugar para vosotros.* Y si me fuere y os preparare lugar, *vendré otra vez*, y os tomaré a mí mismo, para que donde yo estoy, vosotros también estéis (S. Juan 14:1-3).

La Biblia dice que Jesús ya vino por primera vez en Belén. Las profecías lo anunciaron. La historia lo confirma. Y las vidas transformadas lo predican. Así como vino una vez, también vendrá por segunda vez, para buscar el botín de su victoria.

> Asimismo *el trono* de la gloria representa *el reino* de la gloria y es a este reino al que se refería el Salvador en las palabras: "Cuando el Hijo del hombre venga en su gloria, y todos los santos ángeles con él, entonces se sentará sobre el trono de su gloria; y serán reunidas delante de él todas las gentes" (S. Mateo 25:31, 32). Este reino está aún por venir. No quedará establecido sino en el segundo advenimiento de Cristo.[1]

El tiempo del fin ha comenzado

¿Sabes cómo llama la Biblia al tiempo que vivimos? Lo llama "el tiempo del fin": "Pero tú, Daniel, cierra las palabras y sella el libro hasta el tiempo del fin" (Daniel 12:4).

Somos testigos del cumplimiento profético que avanza con los eventos finales, y pronto el universo se vestirá de gala para recibir a Cristo. Entonces dirá: "Venid, benditos de mi Padre, heredad el reino preparado para vosotros desde la fundación del mundo" (S. Mateo 25:34).

> Así como el mensaje del *primer advenimiento* de Cristo anunciaba *el reino de su gracia*, el mensaje de su *segundo advenimiento* anuncia *el reino de su gloria*. El segundo mensaje, como el primero, está basado en las profecías. Las palabras del ángel a Daniel acerca de los últimos días serán comprendidas en *el tiempo del fin*.[2]

Enoc: la voz que anunció la segunda venida

Antes del diluvio, Enoc anunció la justicia divina y profetizó el reino de la gracia, la segunda venida del Mesías y el fin del mundo, realidades futuras que Dios le reveló. Para él, eran una realidad revelada por la fe, aunque aún futura. Judas, hermano de crianza de Jesús, escribió: "De estos también profetizó Enoc, séptimo desde Adán, diciendo: He aquí, *vino el Señor con sus santas decenas de millares*, para hacer *juicio* contra todos, y dejar convictos a todos los impíos de todas sus obras impías que han hecho impíamente, y de todas las cosas duras que los pecadores impíos han hablado contra él" (Judas 1:14, 15).

"Venga tu reino"

El reino de gloria se refiere a la segunda venida de Cristo y a los eventos que la acompañarán. "Entonces aparecerá la señal del Hijo del Hombre en el cielo; y entonces lamentarán todas las tribus de la tierra, y verán al Hijo del Hombre viniendo sobre las nubes del cielo, con poder y gran gloria. Y enviará sus ángeles con gran voz de trompeta, y juntarán a sus escogidos, de los cuatro vientos, desde un extremo del cielo hasta el otro" (S. Mateo 24:30, 31).

El anhelo de un reino justo ha sido el clamor de los siglos, pero ni gobiernos ni líderes ofrecen esperanza duradera. Jesús enseñó: "Venga tu reino..." (S. Mateo 6:10), que une el reino de la gracia en el corazón y el de la gloria venidera. Al orar así, se fortalece el anhelo y se avivan las promesas divinas. Solo Dios puede darte un mundo perfecto: "Mas buscad el reino de Dios, y todas estas cosas os serán añadidas" (S. Lucas 12:31)

Las enseñanzas de Jesús están impregnadas del aroma del reino. Los principios del reino son los principios de la vida.

El reino es una realidad espiritual; es el principio de la vida que impulsa el amor a toda forma de vida, y particularmente a la vida humana. Es la levadura que leuda y transforma desde adentro, desde el corazón humano. Es como la semilla que cae y se muere en la tierra a fin de generar vida.[3]

La providencia se abre paso

¿Te han obligado alguna vez a ir donde no querías? La caravana marchaba cautiva y exhausta, dejando atrás todo, para vivir entre "gente cuya lengua ignorarás, y no entenderás lo que hablare" (Jeremías 5:15). Entre ellos iba Daniel, destinado a la corte de Nabucodonosor. El libro de Daniel en el Antiguo Testamento relata cómo fue guiado y utilizado como testigo del único Dios verdadero.

Así como el Señor acompaña al peregrino, estará contigo. No temas si te encuentras en un lugar o situación no elegida: Dios llegó allí antes que tú, comprende lo que ignoras y su plan para ti sigue en marcha.

El rey Nabucodonosor tuvo un sueño que olvidó y llamó a magos, astrólogos, encantadores y caldeos "para que le explicasen sus sueños. Vinieron, pues, y se presentaron delante del rey" (Daniel 2:2). Pero el conocimiento fraudulento de los adivinos de Babilonia quedó desenmascarado: "Los caldeos respondieron delante del rey y dijeron: No hay hombre sobre la tierra que pueda declarar el asunto del rey; además de esto, ningún rey, príncipe ni señor preguntó cosa semejante a ningún mago, ni astrólogo, ni caldeo. Porque el asunto que el rey demanda es difícil, y *no hay quien lo pueda declarar al rey, salvo* los dioses cuya morada no es con la carne" (vers. 10, 11).

El Dios que revela los misterios

Hoy, muchos buscan respuestas en fuerzas ocultas, acudiendo a Satanás como falso profeta del destino, disfrazado de sabiduría. La canalización, las vidas pasadas, los amuletos, la astrología, el espiritismo digital, la consulta con los muertos o supuestos contactos extraterrestres... todo es mezcla de pseudociencia y engaño profético. ¡Solo Dios conoce el futuro y tu destino! Él recorre el espacio del tiempo y nada le está oculto. La historia demuestra que el ser humano no ha podido descifrar el porvenir, como con las fallidas profecías de Nostradamus, el calendario maya o el código Da Vinci. Por eso, cuando Daniel fue llevado ante Nabucodonosor, declaró: "El misterio que el rey demanda, ni sabios, ni astrólogos, ni magos ni adivinos lo pueden revelar... pero hay un Dios en los cielos, el cual revela los misterios..." (Daniel 2:27, 28).

El sueño de los imperios y la piedra del reino eterno

Seguidamente, Daniel, por revelación divina, le relató al rey el sueño y su interpretación:

> Tú, oh rey, veías, y he aquí una gran imagen. Esta imagen, que era muy grande, y cuya gloria era muy sublime, estaba en pie delante de ti, y su aspecto era terrible. La cabeza de esta imagen era de oro fino; su pecho y sus brazos, de plata; su vientre y sus muslos, de bronce; sus piernas, de hierro;

> sus pies, en parte de hierro y en parte de barro cocido. Estabas mirando, hasta que una piedra fue cortada, no con mano, e hirió a la imagen en sus pies de hierro y de barro cocido, y los desmenuzó. Entonces fueron desmenuzados también el hierro, el barro cocido, el bronce, la plata y el oro, y fueron como tamo de las eras del verano, y se los llevó el viento sin que de ellos quedara rastro alguno. Mas la piedra que hirió a la imagen fue hecha un gran monte que llenó toda la tierra (vers. 31-35).

Esa piedra representa el reino eterno y glorioso de Cristo, que todos esperamos con ansias:

> Y en los días de estos reyes el Dios del cielo levantará *un reino que no será jamás destruido, ni será el reino dejado a otro pueblo*; desmenuzará y consumirá a todos estos reinos, pero él permanecerá para siempre, de la manera que viste que del monte fue cortada una piedra, no con mano, la cual desmenuzó el hierro, el bronce, el barro, la plata y el oro. El gran Dios ha mostrado al rey lo que ha de acontecer en lo por venir; y el sueño es verdadero, y fiel su interpretación (vers. 44, 45).

Dios presenta, mediante esta imagen del sueño, el orden secuencial de los imperios mundiales: Babilonia, Medo-Persia, Grecia y Roma, los cuales la historia corrobora con exactitud:

> Por medio de este sueño, Dios le dio a Nabucodonosor

Daniel 2: El porvenir del mundo revelado

Babilonia
- Periodo: 605 – 539 a.C.
- Parte: cabeza
- Metal: oro

Media y Persia
- Periodo: 539 – 331 a.C.
- Parte: pecho y brazos
- Metal: plata

Grecia
- Periodo: 331 – 168 a.C.
- Parte: vientre y muslos
- Metal: bronce

Roma imperial
- Periodo: 168 a.C. – 476 d.C.
- Parte: piernas
- Metal: hierro

Europa
- Periodo: 476 d.C. – Segunda Venida
- Parte: pies
- Metal: hierro y barro

Reino de Cristo
- Periodo: Segunda Venida – Eternidad
- Parte: Piedra

Ilustración compuesta tomada de Lars Justinen y Getty Images.

una sinopsis de la historia del mundo. Entre sus días y el establecimiento del reino eterno de Cristo (la piedra), cuatro grandes reinos o imperios, y luego un conglomerado de naciones débiles y fuertes, ocuparían consecutivamente el escenario del mundo.[4]

Daniel explicó al rey: "La piedra cortada no por mano representa el reino de gloria de Cristo (Daniel 7:14; Apocalipsis 11:15), el cual será establecido sin esfuerzo humano en la segunda venida.

El reino de Cristo no coexistirá con ningún imperio terrenal. Cuando él estuvo en el mundo durante el gobierno del Imperio Romano, el reino de la Roca que aplasta a todas las naciones no había venido aún. Llegaría después de la fase correspondiente a los pies de hierro y barro cocido, el período de las naciones divididas de Europa. Será establecido en ocasión de la Segunda Venida, cuando Cristo separe a los justos de los malvados (Mateo 25:31-34).[5]

Cuando venga, esta piedra o reino herirá "a la imagen en sus pies de hierro y de barro cocido", "desmenuzará y consumirá a todos estos reinos", no dejando de ellos traza alguna (Daniel 2:34, 35, 44). En verdad, la Segunda Venida es un acontecimiento que sacudirá al mundo.[6]

Carlomagno, Carlos V, Napoleón, el káiser Guillermo y Hitler han procurado establecer otro imperio mundial.

Venga tu reino de gracia y de gloria

Todos fracasaron, tal como la profecía había dicho: "No se unirán el uno con el otro, como el hierro no se mezcla con el barro" (Dan. 2:43). Finalmente, el sueño enfoca la dramática culminación: el establecimiento del reino eterno de Dios.[7]

La invitación te incluye a ti, no importa, tu edad, sexo, educación, nivel económico o raza, participarás en la gloriosa celebración de su venida.[8]

El encuentro de la gracia y la gloria en la cruz

Cuando el ladrón en su cruz sangrante agonizaba con dolores de muerte, contempló la belleza espiritual de Jesús. Aunque coronado de espinas indignas y con el título de burla: "El Rey de los judíos" sobre su cabeza, aquel malhechor aceptó la salvación por gracia antes de que Cristo muriera. Reconoció su condición pecaminosa y, con fe, abrazó la única esperanza ante su inminente muerte, apropiándose del Rey de la gracia y la salvación. Entonces confesó ante el otro ladrón y ante Jesús: "*Nosotros*, a la verdad, justamente *padecemos, porque recibimos lo que merecieron nuestros hechos*; mas *este ningún mal hizo*" (S. Lucas 23:41).

La gracia del Hijo de Dios, al tocar su vida, encendió en él el deseo del reino prometido en su glorioso advenimiento. Ahora todo estaba claro para él: anhelaba por fe estar en ese día de la resurrección de los justos muertos. Entonces le pidió a Cristo, quien colgaba en la cruz junto a él: "Acuérdate de mí cuando vengas en tu reino" (vers. 42).

Y la respuesta de Jesús fue: "De cierto te digo hoy, conmigo estarás en el paraíso" (vers. 43; traducción literal del original griego de ese texto). Sabemos que Jesús no ascendió al cielo ese mismo viernes, pues hablaba del día en que vendría en su reino de gloria. El gran día llegará: "Y *enviará sus ángeles con gran voz de trompeta, y juntarán a sus escogidos*, de los cuatro vientos, desde un extremo del cielo hasta el otro" (S. Mateo 24:31). Si hemos fijado nuestra mirada en Cristo, el Rey de la gracia, también recibiremos el reino de la gloria: "Mas buscad primeramente el reino de Dios y su justicia, y todas estas cosas os serán añadidas" (S. Mateo 6:33).

Aquel hombre agonizante reconoció que el reino de la gracia podía cubrirlo, y que el reino de la gloria lo recibiría cuando Cristo viniera por segunda vez.

> Jesús indicó que el reino de Dios ya estaba presente en medio de los discípulos (S. Lucas 17:20, 21). Donde está Jesús, allí también está su reino (S. Mateo 12:28). Los que nacen de nuevo podrán verlo (S. Juan 3:3). Es un misterio revelado solo a los creyentes (S. Marcos 4:11). *No es el reino de gloria, sino el reino de gracia, que ahora se ve solo por la fe*. En la parábola de la semilla de mostaza, el reino de Dios es muy pequeño, no es mayor que un grano de mostaza (S. Mateo 13:31, 32).[9]

Camino al hogar celestial

Como extranjeros, anhelamos reunirnos con quienes amamos. La niña necesita a su madre; la esposa y el hijo ruegan:

"Recibimos el dinero, pero ven pronto". El afán por el "bienestar" económico fragmenta familias, pero Dios prometió: "Aunque mi padre y mi madre me dejaran, con todo, Jehová me recogerá" (Salmo 27:10). Jesús no nos dejará huérfanos; volverá por ti y por mí.

En una conversación sincera, una pareja me confesó:

—Queremos que Jesús vuelva pronto... pero no tan pronto, pues tenemos muchos planes. Así, su regreso puede parecernos una interrupción, pero para quien ha aprendido a soltar lo que posee: el enfermo, el peregrino, el que sufre injusticias, su retorno es el verdadero hogar. Desde Abraham, que salió "sin saber a dónde iba", los fieles entendieron que su meta no era terrenal, sino celestial: "Porque esperaba la ciudad que tiene fundamentos, cuyo arquitecto y constructor es Dios" (Hebreos 11:8, 10). Nosotros también, como iglesia peregrina, nos acercamos a esa promesa: "Sino que os habéis acercado al monte de Sion, a la ciudad del Dios vivo, Jerusalén la celestial, a la compañía de muchos millares de ángeles" (Hebreos 12:22).

El reloj avanza

¿Qué hora marca el reloj profético? Jesús dijo: "Del día y la hora nadie sabe... sino solo mi Padre" (S. Mateo 24:36). No se retrasa; su aparente demora es misericordia: "El Señor no retarda su promesa... sino que es paciente... para que todos procedan al arrepentimiento" (2 Pedro 3:9). Lo esencial no es cuánto falta, sino vivir preparados: "Bienaventurados aquellos siervos a los cuales su señor, cuando venga, halle velando" (S. Lucas 12:37). Debemos permanecer activos en la fe, porque "el reino de Dios no vendrá con advertencia" (S. Lucas 17:20). La palabra profética es luz en la noche hasta que amanezca su gloria (ver 2 Pedro 1:19).

Fiel hasta el fin

El profesor universitario Ueno tomaba el tren en Shibuya, y su perro Hachiko lo acompañaba cada mañana. Por la tarde regresaba solo para esperarlo. Tras apenas dieciséis meses juntos, Ueno falleció repentinamente. Durante el velorio, Hachiko entró, olfateó y se acostó bajo el ataúd, sin moverse. Poco después, comenzó a ir cada noche a la estación. Con sol o lluvia torrencial, esperaba en la entrada, observando a cada pasajero como si buscara a su amo. Así lo hizo durante diez años, hasta su muerte.

En octubre de 1932, el periódico *Tokyo Asahi Shimbun* publicó su historia. Según relató la profesora Itoh, Hachiko se convirtió desde entonces en un símbolo nacional de fidelidad y lealtad en todo Japón. La historia de su entrega ha sido celebrada tanto en su país como en el mundo. "En retrospectiva, creo que él [Hachiko] sabía que Ueno no volvería, pero siguió esperando. Hachiko nos enseñó el valor de mantener la fe en alguien", escribió Takeshi Okamoto en un artículo periodístico en 1982.[10]

Si una mascota fue capaz de esperar con tanta lealtad, sin comprender el tiempo ni la razón, ¿cuánto más nosotros, que fuimos creados a imagen de Dios y llamados a vivir por fe. Aun en medio del dolor, la pérdida o la incertidumbre, no estamos solos ni sin dirección. Tenemos una promesa, una esperanza viva y un Salvador que no miente. El mensaje de gracia y gloria sigue vigente: Jesús vino y volverá. Si su gracia reina en tu corazón, la gloria será tu herencia. Vive con la mirada en lo eterno, anhelando su regreso según su promesa.

Cada amanecer es una nueva oportunidad para orar con propósito. Mira al cielo y repite con el corazón lleno de fe: "Padre nuestro que estás en los cielos, santificado sea tu nombre. ¡Venga tu reino!" (S. Mateo 6:9, 10).

---

1. Elena G. de White, *El conflicto de los siglos*, p. 347.
2. Elena de White, *El Deseado de todas las gentes*, p. 201; énfasis agregado.
3. Ricardo Betancur, *Padre nuestro* (Nampa, Idaho: Pacific Press, 2025), p. 44.
4. *Creencias de los adventistas del séptimo día* (Nampa, Idaho: Pacific Press Publishing Association, 2018), p. 463.
5. *Ibíd.*, p. 464.
6. *Ibíd.*
7. *Ibíd.*
8. *Ibíd.*
9. *Tratado de teología adventista del séptimo día* (Florida, Buenos Aires: Asociación Casa Editora Sudamericana, 2009), p. 1010.
10. Nicholas Yong, "La emotiva historia de Hachiko, el 'perro más fiel del mundo' del que este año se conmemora el centenario", en *BBC News Mundo* (2 julio 2023), en www.bbc.com/mundo/articles/cw0pz2kpedpo.

Capítulo 6

Señales del conflicto cósmico

El miedo puede sacudir la conciencia, pero no transforma el corazón. No es un cimiento firme para tomar decisiones sabias ni un motor confiable para un cambio de vida genuino, porque cuando el miedo se disipa, el alma suele regresar a sus hábitos antiguos... a veces peor que antes. Imagínate a un paciente diciendo con ligereza: "Volví a fumar porque mi médico me dijo que el resultado del laboratorio reveló que no tengo cáncer".

¿Qué clase de motivación lo sostenía? ¿Una convicción profunda o un temor momentáneo? ¿Qué producen las señales, miedo o gozo? Depende de dónde esté ubicado tu corazón. ¿Qué dijo Jesús sobre las señales? "Cuando estas cosas comiencen a suceder, *erguíos y levantad vuestra cabeza*, porque *vuestra redención está cerca*" (S. Lucas 21:28).

Un inmigrante en los Estados Unidos me dijo una vez:

—Extraño a mi familia. Pensé que vendría temporalmente y he permanecido más de lo previsto.

Aun en lugares estables, extrañamos a los nuestros... salvo que no haya a dónde volver. El anhelo de Cristo es salvarnos y llevarnos al verdadero hogar, sin dejarnos en este mundo zozobrante. ¿Qué es el hogar para ti?

Un escritor anónimo describe al rabino polaco Hofetz Chaim, destacando su sencillez, humildad y sabiduría espiritual. Un estadounidense del siglo XIX lo visitó y quedó atónito al ver que la casa del rabino tenía solo una habitación sencilla, llena de libros, además de una mesa y un banco.

El turista, asombrado, le preguntó:

—Rabino, ¿dónde están sus muebles?

Y él replicó:

—¿Y dónde están los suyos?

—¿Los míos? —respondió el visitante, desconcertado—. Pero si solamente vengo de visita y estoy de paso.

—Yo también —respondió Hofetz Chaim.[1]

Sí, estamos de paso... Dios quiere que tengas aspiraciones y prosperidad. Estudia, supérate, trabaja y apunta alto. A Cristo le importa tu bienestar integral: "El pan nuestro de cada día, dánoslo hoy" (S. Mateo 6:11). No cae como maná; nos dio fuerza y talento para obtenerlo. Pero entre el afán, a veces hay más planes que vida. Dale tiempo a Jesús, pues nunca estaremos libres de preocupación o enfermedad.

Los discípulos de Cristo, inquietos ante los sucesos finales, preguntaron: "Dinos, ¿cuándo serán estas cosas, y qué señal habrá de tu venida, y del fin del siglo?" (S. Mateo 24:3). La respuesta de Jesús, que abarca los capítulos 24 y 25 del Evangelio según San Mateo, incluye una mezcla de eventos relacionados con la destrucción de Jerusalén y la segunda venida de Cristo. Presentó que Noé había advertido sobre la destrucción venidera, pero la mayoría fue sorprendida. Los que creyeron entraron en el arca y se salvaron; el resto permaneció fuera, "hasta que vino el diluvio y se los llevó a todos" (S. Mateo 24:39).

Señales: las condiciones sociales y económicas

La explotación de las viudas, los huérfanos y los extranjeros ha sido constante en la historia. Recuerdo a Martha, una trabajadora que, sin hablar el idioma, sufrió acoso, no recibió su salario y perdió el depósito de su renta. Esta esclavitud moderna persistirá hasta que Jesús regrese, pero no escapará a la mirada de Dios: "Jehová guarda a los extranjeros; al huérfano y a la viuda sostiene..." (Salmo 146:9).

La pérdida de empatía y amor es una señal profética de los últimos días, tal como Jesús ilustró cuando explicó la indiferencia de los perdidos en contraste con los salvados en San Mateo 25:31-46. Los perdidos exclaman: "Señor, ¿cuándo te vimos hambriento... y no te servimos?". Jesús contesta: "En cuanto *no* lo hicisteis a uno de *estos más pequeños*, tampoco a mí lo hicisteis" (vers. 44, 45).

La necesidad separa familias: padres ausentes por trabajo e hijos cargados de responsabilidades. El hogar se encuentra solo al final del día, y los niños anhelan abrazos. Como antaño, el afán y las prioridades traen consecuencias: "Sembráis mucho, y recogéis poco... y el que trabaja a jornal recibe su jornal en saco roto" (Hageo 1:6). Dios no se opone a la prosperidad ni al esfuerzo por superarse, pero la explotación y la desigualdad son señales inequívocas de la decadencia moral del mundo:

> ¡Vamos ahora, ricos! Llorad y aullad por las miserias que os vendrán... He aquí, clama el jornal de los obreros que han cosechado vuestras tierras, el cual por engaño no les ha sido pagado por vosotros; y los clamores de los que habían segado han entrado en los oídos del Señor de los ejércitos (Santiago 5:1, 4).

La corrupción social tampoco queda atrás. Recuerdo mi visita a la antigua ciudad de Pompeya. El guía, sin rodeos, la describió así: "Esta es la ciudad del pecado". Pompeya fue destruida en el año 79 d.C. por la erupción del Vesubio, y hasta hoy permanece congelada en el tiempo. Sus edificios, mosaicos, mercados y murales eróticos revelan los hábitos decadentes de una sociedad que vivía sin límites. ¿Es tan distinta de la nuestra? ¿No se parecen esos murales a las publicidades actuales, a los mensajes de las redes sociales y al bombardeo sexual que consume nuestra cultura? ¿De verdad ha mejorado la moral de nuestra época?

Señales: la naturaleza gime con dolores de parto

La naturaleza rompe sus propios récords como en las olimpiadas... y no para bien. Incendios, huracanes, inundaciones y nevadas fuera de temporada muestran un planeta cada vez con desastres más grandes y fuera de control. Guerras, pandemias y hambrunas son el grito de una creación que gime. Aunque cuidemos el ambiente, el deshielo polar confirma que seguimos río abajo. Jesús comparó estas señales con dolores de parto: "Porque sabemos que *toda la creación gime a una*, y a una está con *dolores de parto* hasta ahora" (Romanos 8:22).

Si no se cree en las profecías bíblicas, las estadísticas las proclaman con fuerza. El aumento de desastres naturales es un grito silencioso de advertencia. Incluso la ciencia lo reconoce. Stephen Hawking, célebre físico británico, advirtió que nuestro mundo dejará de ser habitable. En 2016, en la Universidad de Oxford, afirmó que, si queremos sobrevivir como especie, *debemos abandonar la tierra*, estimando un margen de solo cien años. "El tiempo se agota para la Tierra", dijo en el documental Expedition New Earth, parte de la serie Tomorrow's World, emitida por la *BBC*.[2]

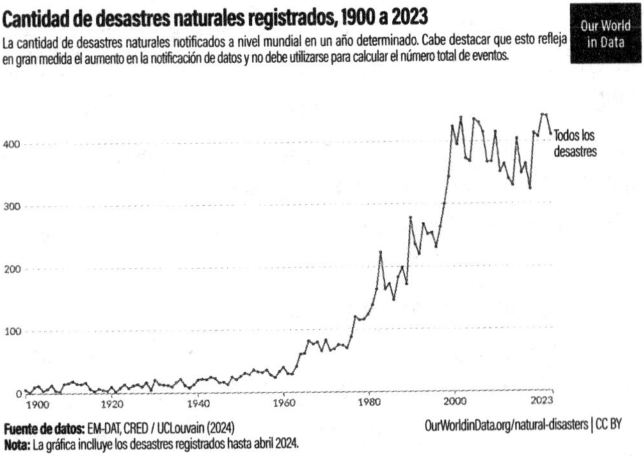

Entre 1900 y 2023, se registró un aumento exponencial de huracanes, tifones, ciclones, volcanes, terremotos, tsunamis, sequías, deslizamientos, incendios e inundaciones capaces de causar graves daños a comunidades y al medio ambiente, además de incrementar el hambre.

Señales: pestes y enfermedades

Dijo Jesús: "Y habrá pestes, y hambres, y terremotos en diferentes lugares" (S. Mateo 24:7). La reciente pandemia del COVID-19 paralizó al mundo, y la amenaza continúa. Brotes como el ébola, la tuberculosis, el virus del Nilo o el sarampión muestran que el riesgo es constante y la vulnerabilidad, real.

Señales: las potencias de los cielos serán conmovidas

Jesús señaló más: "Las potencias de los cielos serán conmovidas" (S. Mateo 24:29).

El testimonio de la tierra. En cumplimiento de esta profecía, "el terremoto mayor que se conozca" ocurrió el 1° de noviembre de 1755. Conocido como el terremoto de Lisboa, sus efectos fueron observados en Europa, África y las Américas, abarcando un área de unos cuatro millones de millas cuadradas (una milla cuadrada equivale a 2.59 km^2). Su destrucción estuvo centrada en Lisboa, la capital de Portugal, donde en unos pocos minutos arrasó con los edificios tanto públicos como residenciales, y causó decenas de millares de víctimas.[4]

Señales: en el sol, la luna y las estrellas

Jesús dijo: "El sol se oscurecerá, y la luna no dará su resplandor, y las estrellas caerán del cielo" (S. Mateo 24:29).

Recordando este acontecimiento, Timothy Dwight, presidente de la Universidad de Yale, dijo: "El 19 de mayo de 1780 fue un día notable. En muchos hogares se encendieron velas; los pájaros quedaron en silencio y desaparecieron, y las aves se retiraron a sus gallineros... Prevalecía la opinión generalizada de que el día del juicio estaba a las puertas".

Samuel Williams, de la Universidad de Harvard, informó que la oscuridad "se acercó desde el suroeste con las nubes, 'entre las diez y las once de la mañana, y continuó hasta mediados de la noche siguiente', variando en grado y duración en diferentes localidades. En ciertos lugares, 'la gente no podía ver lo suficiente como para leer al aire libre materiales comunes impresos'"... Según la opinión de Samuel Tennny, "la oscuridad del siguiente atardecer era probablmenete tan prfunda como jamás se haya observado desde que la Palabra del Altísimo hizo nacer la luz"...

Esa noche, la luna llena salió a las nueve, pero la oscuridad persistió hasta después de la medianoche. Cuando la luna se hizo visible, tenía la apariencia de sangre.

Juan el revelador había profetizado acerca de estos extraordinarios acontecimientos de ese día. Escribió que, después del terremoto, "el sol se puso negro como tela de cilicio, y la luna se volvió toda como sangre" (Apocalipsis 6:12).[5]

Tanto Cristo como Juan se habían referido a la caída de estrellas que indicaría que la venida de Cristo estaba cercana (Apocalipsis 6:13; ver también Mateo 24:29). La gran lluvia de meteoros del 13 de noviembre de 1833 —el más extenso despliegue de meteoritos que se haya registrado— cumplió esta profecía. Se ha calculado que era posible observar un promedio de unas 60,000 estrellas fugaces por hora. El fenómeno fue visto desde Canadá hasta México, y desde el Atlántico central hasta el Pacífico; muchos cristianos lo reconocieron como el cumplimiento de la profecía bíblica.[6]

Señales: guerras y rumores de guerra

A medida que nos acercamos al fin, las fuerzas del mal se intensifican, generando más violencia y caos: "Y oiréis de guerras y rumores de guerras; mirad que no os turbéis, porque es necesario que todo esto acontezca; pero aún no es el fin. Porque se levantará nación contra nación, y reino contra reino..." (S. Mateo 24:6, 7). Las guerras han obligado a millones a huir, convirtiendo la inmigración masiva en un gran desafío global. La inseguridad alcanza incluso lugares antes seguros, como escuelas y templos, y ha desatado otras guerras: cibernéticas, económicas y psicológicas.

Amal Alshteiwi, una niña siria de 9 años, se quitó la vida después de sufrir acoso escolar. Había escapado con su familia de una guerra física, pero no pudo evitar una guerra interior. Fue discriminada por su apariencia y su acento. Esta tragedia pone en evidencia que los conflictos no solo se viven en los campos de batalla.[7]

Señales: el mundo religioso también será sacudido

La proclamación del evangelio es una de las señales más claras del tiempo del fin: "Y será predicado este evangelio del reino en todo el mundo, para testimonio a todas las naciones; y entonces vendrá el fin" (S. Mateo 24:14). Y también: "Vi volar por en medio del cielo a otro ángel, que tenía el evangelio eterno para predicarlo a los moradores de la tierra, a toda nación, tribu, lengua y pueblo, diciendo a gran voz: Temed a Dios y dadle gloria, porque la hora de su juicio ha llegado; y adorad a aquel que hizo el cielo y la tierra, el mar y las fuentes de las aguas" (Apocalipsis 14:6, 7).

Este mensaje de esperanza, tal como Jesús lo enseñó, debe ser compartido por todos sus discípulos, reflejando su carácter y virtudes, por todos los medios posibles: radio, televisión,

Internet, redes sociales y literatura. Programas como La Voz de la Esperanza, Esperanza TV y Está Escrito llevan la Palabra a miles de hogares.

Jesús advirtió que su iglesia sería perseguida, y que cuanto más refleje su carácter, más auténtico y confrontador será su testimonio: "Entonces os entregarán a tribulación... y seréis aborrecidos de todas las gentes por causa de mi nombre" (S. Mateo 24:9). La Iglesia primitiva, perseguida por Roma, olvidó su dolor y se volvió inquisidora, persiguiendo a quienes rechazaban sus errores y tradiciones: "Muchos tropezarán entonces, y se entregarán unos a otros, y unos a otros se aborrecerán" (S. Mateo 24:10); "Aun viene la hora cuando cualquiera que os mate, pensará que rinde servicio a Dios" (S. Juan 16:2). Así, entre 538 y 1798 d.C., se cumplió la profecía de los 1,260 años (Daniel 7:25; Apocalipsis 11:2, 3). La unión de Iglesia y Estado fue un arma mortal contra la libertad religiosa, y esta fórmula intentará repetirse en el tiempo final.

> Tanto Mateo como Marcos declaran que la angustia será tan severa que "nadie escaparía con vida" si el Señor no acortara esos días por amor a sus "elegidos" (S. Marcos 13:20; S. Mateo 24:22, NBE). Este anuncio no sugiere una crisis local pequeña en Jerusalén, sino un período prolongado de angustia universal para el pueblo de Dios.[8]

Señales: el amor se apagará

Cuando el amor se apaga, los vínculos se debilitan y la empatía se enfría. La comunicación se rompe y la confianza muere, dando paso al egoísmo. Jesús advirtió: "Y por haberse multiplicado *la maldad, el amor de muchos se enfriará*" (S. Mateo 24:12). Esta señal seguirá en aumento.

La palabra griega para "maldad" es *anomía*, que significa ausencia de ley, y da lugar a todo tipo de desenfreno. Y la palabra utilizada para "amor" es *agápe* (como en 1 Corintios 13), ese amor abnegado que algunos guardan en un congelador y que se apaga en muchos corazones.

> Porque habrá hombres amadores de sí mismos, avaros, vanagloriosos, soberbios, blasfemos, desobedientes a los padres, ingratos, impíos, sin afecto natural, implacables, calumniadores, intemperantes, crueles, aborrecedores de lo bueno, traidores, impetuosos, infatuados, amadores de los deleites más que de Dios, que tendrán apariencia de piedad, pero negarán la eficacia de ella... (2 Timoteo 3:2-5).

Muchos se enfocan solo en las señales escatológicas de Mateo 24, olvidando que el 25 completa la respuesta de Cristo. Allí revela el verdadero estado espiritual, desenmascara el cristianismo aparente y expone una religión sin compasión, señal de los últimos días. Dios enseña que el juicio final se basará no solo en lo que creemos, sino en cómo tratamos al necesitado.

> Porque tuve hambre, y me disteis de comer; tuve sed, y me disteis de beber; fui forastero, y me recogisteis; estuve desnudo, y me cubristeis; enfermo, y me visitasteis; en la cárcel, y vinisteis a mí. Entonces los justos le responderán diciendo: Señor, ¿cuándo te vimos hambriento, y te

sustentamos, o sediento, y te dimos de beber? ¿Y cuándo te vimos forastero, y te recogimos, o desnudo, y te cubrimos? ¿O cuándo te vimos enfermo, o en la cárcel, y vinimos a ti? Y respondiendo el Rey, les dirá: De cierto os digo que en cuanto lo hicisteis a uno de estos mis hermanos más pequeños, a mí lo hicisteis (S. Mateo 25:35-40).

Jorge, un hispano refugiado en Inglaterra, me contó que un amigo le pidió dinero y acordaron la fecha de devolución. Viajó varios kilómetros para cobrarlo, pero tras llamar a la puerta y al celular sin respuesta, se sentó a llorar afuera del edificio, sin dinero para recargar su tarjeta del tren y sin hablar inglés. Buscó hispanohablantes en un centro comercial, pero le rehuían. Dos inmigrantes asiáticos, al notar sus señas, intentaron ayudarle; sin suficiente dinero, cruzaron la calle y hablaron con un hombre sentado en la acera. Luego hicieron señas a Jorge para que se acercara. El desconocido, sin decir palabra, alzó su lata con monedas y billetes como diciendo: "¡Toma lo que necesites!". Jorge, tembloroso, tomó algo con alivio y vergüenza, agradeciendo con gestos. Más tarde me confesó: "Este acto cambió mi visión sobre los necesitados, los extranjeros y los desamparados." Dios le dio el pasaje de regreso a casa a través de las manos de un pobre mendigo.

¿Alguna vez te has sentido así, como un desamparado extranjero? ¿Cómo tratamos a quienes no comparten nuestras costumbres ni nuestra lengua? Jesús camina hoy entre los edificios altos y pequeños, los ignorados del metro, entre los enfermos de los hospitales, en las cárceles, en las calles y entre los sintecho. ¿En qué grupo te encuentras hoy? ¿Qué estás haciendo por ellos? "No temas, porque yo te redimí; te puse nombre, mío eres tú" (Isaías 43:1).

Señales: el aumento de los falsos profetas

Como un regalo vistosamente envuelto, el espiritismo mezcla verdad con mentira. Jesús advirtió: "Muchos falsos profetas se levantarán, y engañarán a muchos" (S. Mateo 24:11). "Si alguno os dijere: Mirad, aquí está el Cristo... no lo creáis" (vers. 23, 24). Los escogidos no caerán porque se aferran a la Palabra: "Amados, no creáis a todo espíritu..." (1 Juan 4:1) y "¡A la ley y al testimonio!" (Isaías 8:20). A lo largo de la historia, falsos mesías han tergiversado a Cristo y arrastrado multitudes, pero la Palabra de Dios permanece firme y transformadora.

"¡Tienes un mal pronóstico para tu salud!", le dijeron desde joven a Yurien Sosa. Algunos familiares aseguraban que la solución estaba en la santería o el espiritismo. Siguiendo ese consejo, viajó de Cuba a Florida y se involucró en esas prácticas, gastando dinero, energía física y espiritual. La desesperanza la llevó a una profunda depresión y pensó en quitarse la vida.

Un día confesó a su esposo que quería dejar todo atrás. Llamó a su primo, el pastor Minervino Labrador, quien acudió con su esposa Evelyn e invitó al pastor Rubert Álvarez. Confiaron en las palabras de Jesús: "Este género no sale sino con oración y ayuno" (S. Mateo 17:21) y, en el nombre de Cristo, intercedieron por ella.

El primer milagro fue espiritual: Yurien fue liberada. El segundo, práctico: para sacar los objetos de santería de su casa, necesitaron un camión entero. "El ángel de Jehová acampa alrededor de los que le temen, y los defiende" (Salmo 34:7).

Hoy vive un gozo desconocido, libre de culpa tras veinte años. Asiste cada sábado a la Iglesia Adventista con su amiga Yomeisy y testifica: "Cada día siento una paz indescriptible... y aun si me enfermara como Job, diré: 'Jehová dio, y Jehová quitó; sea el nombre de Jehová bendito'" (Job 1:21).[9]

La defensa contra los falsos profetas está en la Palabra de Dios, que da esperanza y victoria ante las señales del fin. Aunque surjan falsos mesías, hay testimonios que confirman su poder. "Contra Jacob nada pueden las brujerías; contra Israel nada valen las artes mágicas. De Jacob, que es Israel, se dirá: ¡Miren lo que ha hecho Dios con ellos!" (Números 23:23, RVC). Las señales escatológicas no son casuales, sino fruto de un mundo en decadencia, y advierten con urgencia. Jesús dijo: "Cuando estas cosas comiencen a suceder, erguíos... porque vuestra redención está cerca" (S. Lucas 21:28). No ignores las señales: busca en la Palabra, confía en Cristo y prepárate, ¡porque él viene pronto por ti!

---

1. "Just Passing Through", en *Bible.org* (2 de febrero de 2009). Disponible en www.bible.org/illustration/just-passing-through
2. Alan Boyle, "Stephen Hawking gives us 100 years to escape Earth – and looks into how to do it", en *GeekWire*, 3 mayo 2017; en https://www.geekwire.com/2017/stephen-hawking-100-years-escape-earth/.
3. "Number of recorded natural disaster events", en *Our World in Data* (2024). Disponible en https://ourworldindata.org/grapher/number-of-natural-disaster-events.
4. *Creencias de los adventistas del séptimo día* (Nampa, Idaho: Pacific Press Publishing Association, 2018), pp. 466, 467.
5. *Ibíd.*, pp. 467, 468; el énfasis está en el original.
6. *Ibíd.*, p. 468.
7. "Syrian refugee family files lawsuit against CBE over daughter's suicide", *CBC*, 2 abril 2021; en www.cbc.ca/news/canada/calgary/syrian-girl-suicide-calgary-lawsuit-1.5974076.
8. Hans K. LaRondelle, *Las profecías del fin* (Buenos Aires: Asociación Casa Editora Sudamericana, 1999), p. 45.
9. Publicado con permiso.

CAPÍTULO 7

Reino de gloria: sin engaños ni sombras

Eran las 7 de la noche, cuando esperaba frente a un hotel cercano al aeropuerto de Calgary, Alberta, a un conferencista que vendría a nuestra iglesia. De pronto, un hombre sonriente me saludó. Lo invité a subir al auto y conversamos unos minutos sobre su viaje. Luego, le hablé con entusiasmo de la iglesia, pero me confesó:

—Ese no es mi negocio; creo que me habla y me conduce la persona equivocada. Por favor, lléveme de regreso al hotel.

—¡Y yo también me acabo de dar cuenta!

Al regresar, nos reímos del error: allí estaba el verdadero Edward y quien buscaba a mi pasajero. Comprendí que conocer a alguien por teléfono no basta; con Jesús es igual: no solo hay que aceptarlo como Salvador, sino reconocerlo como Señor, conocer su Palabra y seguir su promesa de cómo vendrá.

¿Por qué es vital saber cómo y por qué vendrá Jesús por segunda vez?

Jesús regresará para buscar a sus escogidos, tanto a los que estén vivos como a los que murieron en él. Vendrá para resucitar a los justos, poner fin a los reinos de maldad, vindicar el carácter de Dios y darnos la más gloriosa herencia. Pero surgirán falsos anuncios que distraen y debilitan la fe; el enemigo los usa para engañar y apagar la esperanza en su regreso.

Resulta llamativo que casi todas las religiones, y también los movimientos políticos, esperan a un mesías o un salvador que vendrá a traer justicia. No solo el cristianismo, sino también el budismo, el hinduismo, el zoroastrismo, el islam, el judaísmo, el socialismo, el populismo, y tantos más, anhelan la llegada de un personaje sobrenatural. Clifford Goldstein escribió: "Todos anticipan la llegada de un personaje sobrenatural, un anhelado Libertador que surgirá después de un período de grandes calamidades y traerá la paz y la felicidad al mundo".[1]

Las pretensiones impías de aprovecharse de la necesidad ajena no son nuevas; son tan frecuentes como peligrosas. Un ejemplo es Kameshwar Singh, acaudalado terrateniente de Bihar, India, quien cayó en profunda tristeza tras la desaparición de su hijo, Kanhaiya Singh, en 1977. Pese a denunciarlo, la búsqueda fue infructuosa. Sumido en depresión, acudió a curanderos, hasta que un chamán le aseguró que su hijo estaba vivo. Entonces, Dayanand Gosain se hizo pasar por él. Cegado por la esperanza, Kameshwar lo aceptó, aunque su esposa insistía en que no era su hijo. Durante 41 años recibió herencias y privilegios, hasta que un examen de ADN confirmó el engaño, y "un tribunal de India lo condenó a siete años de prisión".[2]

Hoy vivimos en un mundo de imitaciones. Casos como el de Dayanand ya casi no sorprenden, pero el engaño espiritual sigue siendo el más peligroso. Cristo ha advertido, desde hace siglos, sobre los falsos cristos y anticristos. No necesitamos un examen de ADN para descubrir a los falsos profetas o espíritus engañadores. Tenemos algo mejor: la Palabra de Dios, que revela la mentira, alumbra el camino y protege el corazón que decide obedecerla: "Amados, no creáis a todo espíritu, sino probad los espíritus si son de Dios; porque muchos falsos profetas han salido por el mundo" (1 Juan 4:1). La verdad siempre se revela a quien sinceramente busca hacer la voluntad de Dios mediante su Palabra.

La ignorancia genuina se acaba cuando la luz de la verdad es acogida en el corazón: "El que quiera hacer la voluntad de Dios, conocerá si la doctrina es de Dios, o si yo hablo por mi propia cuenta" (S. Juan 7:17). Como dijo Hans LaRondelle: "No es la realización de grandes señales y milagros, sino la autorizada Palabra de Dios y el testimonio de Jesús lo que forma la norma final de la verdad. Jesús alertó a la iglesia sobre el deber que tiene para detectar el engaño del anticristo".[3]

La gloriosa *parusía* (aparición): visible, real y gloriosa

El Nuevo Testamento emplea términos griegos como *parousía, epifáneia* y *apokálypsis*, destacando la dimensión visible, majestuosa e innegable de ese evento.

Cuando Jesús resucitó, no lo hizo como un espíritu invisible, incorpóreo o abstracto, sin presencia tangible. Les dio pruebas a los discípulos de su persona después de la resurrección. Les dijo: "Mirad mis manos y mis pies, que yo mismo soy; palpad, y ved; porque un espíritu no tiene carne ni huesos, como veis que yo tengo" (S. Lucas 24:39). Incluso comió con ellos pescado y miel:

> Mientras ellos aún hablaban de estas cosas, Jesús se puso en medio de ellos, y les dijo: Paz a vosotros. Entonces, espantados y atemorizados, pensaban que veían espíritu. Pero él les dijo: ¿Por qué estáis turbados, y vienen a vuestro corazón estos pensamientos?... Y como todavía ellos, de gozo, no lo creían,

y estaban maravillados, les dijo. ¿Tenéis aquí algo de comer? Entonces le dieron parte de un pez asado, y un panal de miel. Y él lo tomó, y comió delante de ellos (S. Lucas 24:36-38, 41-43).

Más tarde, el apóstol Pablo lo llamó "Jesucristo hombre", resaltando su humanidad: "Porque hay un solo Dios, y un solo mediador entre Dios y los hombres, Jesucristo hombre" (1 Timoteo 2:5).

Cuando Jesús ascendió al cielo lo hizo en cuerpo físico, y volverá del mismo modo, tal como anunciaron los ángeles: "Y estando ellos con los ojos puestos en el cielo, entre tanto que él se iba, he aquí se pusieron junto a ellos dos varones con vestiduras blancas, los cuales también les dijeron: Varones galileos, ¿por qué estáis mirando al cielo? *Este mismo Jesús*, que ha sido tomado de vosotros al cielo, *así vendrá como le habéis visto ir al cielo*" (Hechos 1:10, 11).

Será un acontecimiento universal, visible desde un extremo al otro del planeta: "Porque como el relámpago que sale del oriente y se muestra hasta el occidente, así será también la venida del Hijo del Hombre" (S. Mateo 24:27). Y será un evento glorioso: "Entonces aparecerá *la señal* del Hijo del Hombre en el cielo; y entonces lamentarán todas las tribus de la tierra, y *verán* al Hijo del Hombre *viniendo* sobre las nubes del cielo, con *poder y gran gloria*. Y enviará *sus ángeles* con gran *voz de trompeta*, y *juntarán a sus escogidos*, de los cuatro vientos, desde un extremo del cielo hasta el otro" (S. Mateo 24:30, 31). El Señor Jesús "vendrá en la gloria de su Padre con sus ángeles" (S. Mateo 16:27).

La resurrección: victoria sobre la muerte

La aparición de Cristo con poder y gran gloria será tan

majestuosa que los impíos serán destruidos por su resplandor: "Y entonces se manifestará aquel inicuo, a quien el Señor matará con el espíritu de su boca, y destruirá con el resplandor de su venida" (2 Tesalonicenses 2:8). Pero los justos que murieron en Cristo experimentarán la mayor de las victorias: serán llamados desde las nubes para ser resucitados y llevados al cielo al son de la trompeta. Los ángeles "juntarán a sus escogidos, de los cuatro vientos, desde un extremo del cielo hasta el otro" (S. Mateo 24:31).

Luego, los creyentes que estén vivos serán transformados en un instante, en un abrir y cerrar de ojos. "Porque el Señor mismo con voz de mando, con voz de arcángel, y con trompeta de Dios, descenderá del cielo; y *los muertos en Cristo resucitarán primero.* Luego nosotros los que vivimos, los que hayamos quedado, *seremos arrebatados juntamente con ellos* en *las nubes para recibir al Señor en el aire*, y así estaremos siempre con el Señor" (1 Tesalonicenses 4:16, 17).

Los muertos serán resucitados incorruptibles, y los vivos serán transformados. "En un momento, en un abrir y cerrar de ojos, a la final trompeta; porque se tocará la trompeta, y los muertos serán resucitados incorruptibles, y nosotros seremos transformados... ¿Dónde está, oh muerte, tu aguijón? ¿Dónde, oh sepulcro, tu victoria?" (1 Corintios 15:52, 55). Quienes resuciten no volverán con los cuerpos enfermos, desgastados o mutilados que descendieron a la tumba, sino con cuerpos nuevos, inmortales y perfectos, sin rastro alguno de las marcas del pecado que provocaron su desintegración. Los santos resucitados experimentarán así la obra completa de la restauración de Cristo, reflejando la imagen perfecta de Dios en su mente, su alma y su cuerpo (1 Corintios 15:42-45).

¡No aplaudas el engaño!

Esto me recuerda la parábola del payaso, relatada por el filósofo danés Søren Kierkegaard al hablar sobre el tiempo del fin. Cuenta que un incendio se desató entre bastidores en un gran teatro. Un payaso que había sido parte del espectáculo salió apresuradamente para advertir al público:

—¡Salgan, el lugar está en llamas!

Sin embargo, la audiencia pensó que era parte del espectáculo, y lo aplaudía con entusiasmo. El payaso insistía una y otra vez:

—¡Salgan! ¡Salgan! —pero cuanto más advertía, más fuerte eran los aplausos.

Para Kierkegaard, así terminará el mundo: entre los aplausos de quienes creen que todo es solo una broma. Mientras nos dejemos guiar por la enseñanza de la Biblia, tendremos las señales necesarias para avanzar hacia el puerto seguro, anclados en la verdad y sin ser arrastrados por las olas de falsos mesías.

¡Qué glorioso será ese día tan esperado! Ver a nuestro Señor y estar con él para siempre, donde jamás volveremos a separarnos y todas nuestras dudas se disiparán. Te animo a estudiar la Palabra viva y a depositar toda tu esperanza en Cristo, aun cuando atravieses momentos de incertidumbre durante tu peregrinación. La hora de tu redención llegará, y lo verás venir con poder y gran gloria.

---

1. Clifford Goldstein, *El día del dragón* (Florida Oeste, Buenos Aires: Asociación Casa Editora Sudamericana, 1994), p. 107.
2. Soutik Biswas, "El impostor que se hizo pasar por el hijo desaparecido de un terrateniente durante 41 años", *BBC News*, 4 julio 2022; en www.bbc.com/mundo/noticias-internacional-62038148.
3. Hans K. Larondelle, *Las profecías del fin* (Florida Oeste, Buenos Aires: Asociación Casa Editora Sudamericana, 1999), p. 53.

Capítulo 8

Armagedón: liberados en la última batalla

¡*Maranata!* ¡El Señor viene! Ha llegado la hora señalada en el reloj profético de Dios. Al levantar la vista, ves aproximarse una pequeña nube blanca que avanza con majestuosa certeza. No es un espejismo ni un fenómeno natural: es Cristo, descendiendo en gloria sobre las nubes del cielo para rescatar a su pueblo. A medida que se acerca, te unes al asombro universal: millones contemplan en profundo silencio el firmamento. El conflicto cósmico alcanza su clímax. La piedra que vio Daniel en visión ha sido lanzada; viene a desmenuzar los reinos del mundo y a establecer, por fin, el reino eterno del Mesías.

> Y en los días de estos reyes el Dios del cielo levantará un reino que no será jamás destruido, ni será el reino dejado a otro pueblo; desmenuzará y consumirá a todos estos reinos, pero él permanecerá para siempre, de la manera que viste que del monte fue cortada una piedra, no con mano, la cual desmenuzó el hierro, el bronce, el barro, la plata y el oro. El gran Dios ha mostrado al rey lo que ha de acontecer en lo por venir; y el sueño es verdadero, y fiel su interpretación (Daniel 2:44, 45).[1]

El Éufrates se seca: Babilonia cae, Cristo viene

El nombre Armagedón aparece solo una vez en Apocalipsis. Procede del hebreo *Har-Meguido*, que significa "Monte de Meguido", pero no hace referencia a un lugar geográfico ni a una guerra convencional. No es una batalla militar, ni la temida tercera guerra mundial.

En el pasado, la Babilonia literal estaba protegida por las aguas del río Éufrates (Jeremías 51:13), hasta que fue conquistada por los medos y los persas. Como ocurrió históricamente, cuando los reyes del oriente, liderados por Ciro, el "siervo de Dios", secaron el Éufrates literal, situado en la actual región de Irak, para tomar Babilonia y liberar al pueblo de Dios (Isaías 41:1-3, 25; Isaías 44:26–45:13), así también lo representa la profecía.

Sin embargo, Apocalipsis describe una Babilonia espiritual, también vinculada simbólicamente al Éufrates. En lenguaje profético las aguas representan "pueblos, muchedumbres, naciones y lenguas" (Apocalipsis 17:1, 15). Por lo tanto, antes del regreso de Cristo, el "Éufrates espiritual" se secará. Así lo declara la Escritura: "El sexto ángel derramó su copa sobre el gran río Éufrates; y el agua de este se secó, para que estuviese preparado el camino a los reyes del oriente" (Apocalipsis 16:12).

Este Éufrates espiritual simboliza los poderes mundiales que sostienen a Babilonia, los cuales serán desmoronados por la intervención divina en la gloriosa segunda venida de Cristo. "Las aguas sobre las que morará la Babilonia del tiempo del fin representan los poderes civiles, seculares y políticos mundiales que apoyan a Babilonia".[2]

Armagedón: liberados en la última batalla

Cristo regresará como un gran Conquistador, y sobre su vestidura y en su muslo llevará escrito: "Rey de reyes y Señor de señores" (Apocalipsis 19:16). Imagínate que la hora ha llegado. Junto a tu familia contemplas su gloriosa aparición. Desde calabozos, cuevas o montañas, todos alzan la mirada con la misma esperanza: ¡Jesús viene! La injusticia termina y los frutos del pecado se desvanecen para siempre.

El arca revelada: justicia desde el trono de Dios

En la batalla final, el Arca del pacto, que contiene las dos tablas de los Diez Mandamientos (Éxodo 20:1-17; Éxodo 25:16; Hebreos 9:4), será revelada ante los habitantes de la Tierra desde el Lugar Santísimo del Santuario celestial: "Y el templo de Dios fue abierto en el cielo, y el arca de su pacto se veía en el templo. Y hubo relámpagos, voces, truenos, un terremoto y grande granizo" (Apocalipsis 11:19). "Y los cielos declararán su justicia, porque Dios es el juez" (Salmo 50:6). El Arca del pacto representa el trono de Dios y su presencia viva en medio de su pueblo.

Las nubes se rasgan como un manto oscuro que cubre a la humanidad, pero los redimidos esperan con serena esperanza. A lo lejos, el arco de la promesa ilumina el firmamento. Se cumple la oración de Jesús: "Padre, aquellos que me has dado, quiero que donde yo estoy, también ellos estén conmigo" (S. Juan 17:24). El conflicto ha terminado.

Millones de ángeles descienden con cánticos y trompetas acompañando al Rey de gloria. Los sordos oyen, los ciegos ven. No hay cortina ni escondite para los impíos; sus rostros palidecen y tiemblan ante el poder de Cristo (ver Jeremías 30:6; Nahúm 2:10):

> Y los reyes de la tierra, y los grandes, los ricos, los capitanes, los poderosos, y todo siervo y todo libre, se escondieron en las cuevas y entre las peñas de los montes; y decían a los montes y a las peñas: Caed sobre nosotros, y escondednos del rostro de aquel que está sentado sobre el trono, y de la ira del Cordero; porque el gran día de su ira ha llegado; ¿y quién podrá sostenerse en pie? (Apocalipsis 6:15-17).

Hecho está: el juicio que sacude cielos y tierra

Mientras Cristo se acerca, la naturaleza se estremece y su voz declara: "Hecho está" (Apocalipsis 16:17), desatando un terremoto "tan grande, cual no lo hubo jamás" (Apocalipsis 16:18). Un viento huracanado anuncia juicio; la tierra se abre, montañas e islas desaparecen bajo olas que arrasan ciudades. "Y la gran Babilonia vino en memoria delante de Dios... Y toda isla huyó, y los montes no fueron hallados. Y cayó del cielo... granizo como del peso de un talento..." (Apocalipsis 16:19-21).

Los rascacielos y palacios caen, y los refugios y cárceles se abren ante la presencia del Señor. En medio de este inédito escenario, los salvos proclaman con firmeza: "Dios es nuestro amparo y fortaleza, nuestro pronto auxilio en las tribulaciones... aunque la tierra sea removida... y tiemblen los montes..." (Salmo 46:1-3).

Sorbida es la muerte en victoria

Seguidamente, las tumbas se abren en la resurrección

especial, ante la voz majestuosa de Aquel que está sentado en el trono: "Y muchos de los que duermen en el polvo de la tierra serán despertados, unos para vida eterna, y otros para vergüenza y confusión perpetua" (Daniel 12:2).

"He aquí que viene con las nubes, y todo ojo le verá, y los que le traspasaron..." (Apocalipsis 1:7). Allí estarán quienes se burlaron de Cristo en su crucifixión y los más encarnizados enemigos de su verdad y de su pueblo. Serán resucitados para verlo en gloria, contemplar su honor y presenciar la recompensa a sus fieles: "Y entonces se manifestará aquel inicuo, a quien el Señor matará con el espíritu de su boca, y destruirá con el resplandor de su venida" (2 Tesalonicenses 2:8).

Los justos resucitados ascienden con los justos vivos

Cristo llama a sus santos que duermen en las tumbas, y los justos, llenos de triunfo, proclaman: "¿Dónde está, oh muerte, tu aguijón? ¿Dónde, oh sepulcro, tu victoria?" (1 Corintios 15:55). Cuando se ejecuta la gran resurrección, contemplas escenas de gozo indescriptible: amigos y familias que la muerte había separado se reencuentran y claman: "He aquí, este es nuestro Dios, le hemos esperado, y nos salvará..." (Isaías 25:9).

Los justos vivos, transformados en un instante, se unen con los resucitados para ascender juntos al cielo, libres para siempre de todo vestigio de muerte. Es el momento sublime del gran reencuentro: familias que fueron desgarradas por la separación mortal, por fin se abrazan. Ahora, unidos para nunca más separarse, ascienden entonando cánticos de victoria hacia la ciudad de Dios. El "adiós" se terminó. El peregrinaje concluyó.

Imagina el ascenso: contemplas cómo el planeta azul se hace cada vez más pequeño mientras te elevas en este viaje intergaláctico. En las bodas terrenales, los ojos se posan en la novia; pero en esta gloriosa procesión celestial todas las miradas se enfocan en Jesucristo, el único que pagó el precio de la redención. Él será el centro de la gloria y el motivo eterno de la salvación.

> Delante de la multitud de los redimidos se encuentra la ciudad santa. Jesús abre ampliamente las puertas de perla, y entran por ellas las naciones que guardaron la verdad. Allí contemplan el paraíso de Dios, el hogar de Adán en su inocencia. Luego se oye aquella voz, más armoniosa que cualquier música que haya acariciado jamás el oído de los hombres, y que dice: "Vuestro conflicto ha terminado". "Venid, benditos de mi Padre, heredad el reino preparado para vosotros desde la fundación del mundo".[3]

Conoce al Rey de gracia y gloria

La esperanza es la fuerza que te impulsa a dar el salto hacia donde habita el amor. El miedo, en cambio, paraliza, derrota y apaga tanto la esperanza como el amor. "En el amor no hay temor, sino que el perfecto amor echa fuera el temor; porque el temor lleva en sí castigo. De donde el que teme, no ha sido perfeccionado en el amor" (1 Juan 4:18).

Cristo no te pide grandes logros, solo quiere tu corazón... ¿Y qué es el corazón? Es tu mente, llena de debilidades, temores y sombras, tan difícil de entregar como un niño aferrado a su peluche viejo y sucio, incapaz de soltarlo. No descanses en tu fuerza, sino en la de Cristo. Abre tu corazón y escúchalo. El precio del boleto ya fue pagado. El derecho al cielo está abierto, sellado con la sangre de Jesús. Descansa en sus brazos, entrégate a él mientras todavía hay tiempo. Él no se olvida de ti, ¡no importa cuán lejos estés, ni en qué rincón del mundo te encuentres! ¡Prepárate, porque él viene! Busca al personaje central de la Biblia: Jesús. Él ennoblecerá tus pensamientos, llenará de pureza tus anhelos y guiará tus pasos.

No digas: "Soy muy malo y me conozco", como si no hubiera esperanza. Jesús te extiende sus manos heridas y te dice: "He aquí, yo estoy a la puerta y llamo; si alguno oye mi voz y abre la puerta, entraré a él, y cenaré con él, y él conmigo" (Apocalipsis 3:20).

---

1. Ver también el capítulo 5 de este libro.
2. *Andrews Bible Commentary: New Testament* (Berrien Springs, Michigan: Andrews University Press, 2022), p. 1986.
3. Elena G. de White, *El conflicto de los siglos*, pp. 628, 629.

Capítulo 9

Mi hogar celestial

Mi amigo abrió el congelador y sacó un trozo de pastel de cumpleaños, cuidadosamente envuelto en papel de aluminio, que había conservado durante seis años. Con seriedad me dijo:

—Mi hijo me lo dio cuando era pequeño y me pidió guardarlo para entregarlo a Jesús cuando regrese.

Ese pequeño pedazo significaba todo para él.

Para algunos, el paraíso de los redimidos es solo un cielo de nubes flotantes, donde se salta de una a otra con un arpa en la mano. Otros lo ven inalcanzable, pues miden su esperanza por sus fuerzas y no por las de Cristo. Algunos, temiendo resaltar su belleza material, prefieren espiritualizarlo, ignorando su realidad palpable.

> El temor de hacer aparecer la futura herencia de los santos demasiado material ha inducido a muchos a espiritualizar aquellas verdades que nos hacen considerar la tierra como nuestra morada. Cristo aseguró a sus discípulos que iba a preparar mansiones para ellos en la casa de su Padre. Los que aceptan las enseñanzas de la Palabra de Dios no ignorarán por completo lo que se refiere a la patria celestial.[1]

Antes del milenio

En el capítulo anterior vimos que en su segunda venida

Cristo aparecerá en las nubes con gran poder y gloria. Todo ojo lo verá. Vendrá acompañado de sus ángeles; los impíos vivos serán destruidos por el resplandor de su venida; los muertos en Cristo resucitarán primero, y los justos vivos serán arrebatados junto a ellos para recibir al Señor en el aire. Apocalipsis 19:11 al 16 presenta a un Jinete del caballo blanco que representa a Cristo, el gran conquistador.

¿Qué sucederá durante el milenio?

Durante el milenio los redimidos reinarán con Cristo. No serás una sombra ni un espíritu flotante que deambula sin rumbo, sino un ser real, con un cuerpo glorificado, viviendo en un lugar tangible y eterno. La redención no nos convierte en fantasmas, sino en ciudadanos gloriosos de una patria celestial.

En las mansiones celestiales no seremos burbujas etéreas flotando en el espacio; allí habrá edificios para habitarlos (S. Juan 14:1-3). Será un lugar físico, real, donde comeremos y beberemos, como Cristo mismo lo demostró tras su resurrección al presentarse a sus discípulos:

> Mirad mis manos y mis pies, que yo mismo soy; palpad, y ved; porque un espíritu no tiene carne ni huesos, como veis que yo tengo. Y diciendo esto, les mostró las manos y los pies. Y como todavía ellos, de gozo, no lo creían, y estaban maravillados, les dijo: ¿Tenéis aquí algo de comer? Entonces le dieron parte de un pez asado, y un panal de miel. Y él lo tomó, y comió delante de ellos (S. Lucas 24:39-42).

En una oportunidad anterior, cuando celebraban la última cena juntos en el aposento alto, Jesús habló acerca del rito de la Santa Cena, señalando su segunda venida y el reino de su Padre: "Y os digo que desde ahora no beberé más de este fruto de la vid, hasta aquel día en que *lo beba nuevo con vosotros en el reino de mi Padre*" (S. Mateo 26:29). Esta invitación es para todos: "Y el ángel me dijo: Escribe: Bienaventurados los que son llamados a *la cena de las bodas del Cordero.* Y me dijo: Estas son palabras verdaderas de Dios" (Apocalipsis 19:9).

Seremos transformados y aún podremos reconocernos. ¡Imagina ese día! Abrazarás a tu familia, amigos y seres queridos que la muerte no pudo arrebatar. Pero, sobre todo, nuestros ojos buscarán el rostro de Jesús, la mayor alegría y razón suprema de nuestro gozo eterno.

> "Ahora vemos oscuramente, como por medio de un espejo" (1 Corintios 13:12, VM). Vemos la imagen de Dios reflejada como en un espejo en las obras de la naturaleza y en su modo de obrar para con los hombres; pero entonces le veremos cara a cara sin velo que nos lo oculte. Estaremos en su presencia y contemplaremos la gloria de su rostro. Allí los redimidos conocerán como son conocidos. Los sentimientos de amor y simpatía que el mismo Dios implantó en el alma, se desahogarán del modo más completo y más dulce.[2]

Mil años para comprender la justicia y vindicar el carácter de Dios

Al apóstol Juan le fueron revelados muchas escenas del

futuro, de Jesús y de los acontecimientos que acompañarían su venida:

> Y vi tronos, y se sentaron sobre ellos los que recibieron facultad de juzgar; y vi las almas de los decapitados por causa del testimonio de Jesús y por la palabra de Dios, los que no habían adorado a la bestia ni a su imagen, y que no recibieron la marca en sus frentes ni en sus manos; y vivieron y reinaron con Cristo mil años... Bienaventurado y santo el que tiene parte en la primera resurrección; la segunda muerte no tiene potestad sobre estos, sino que serán sacerdotes de Dios y de Cristo, y reinarán con él mil años (Apocalipsis 20:4, 6).

Durante esos mil años los redimidos participarán en la revisión del justo juicio de Dios sobre aquellos que se perdieron. Será el tiempo en que todas las preguntas recibirán respuesta. ¿Quién no ha tenido dudas difíciles sobre la vida, el sufrimiento o la muerte? Hoy, no siempre tenemos explicaciones, pero Dios ha prometido que un día nos mostrará todo con claridad. Entonces, su carácter se revelará justo, sabio y lleno de compasión. "Y se dio el juicio a los santos del Altísimo; y llegó el tiempo, y los santos recibieron el reino" (Daniel 7:22).

Pablo aconsejó a los nuevos cristianos: "No juzguéis nada antes de tiempo, hasta que venga el Señor, el cual aclarará también lo oculto de las tinieblas, y manifestará las intenciones de los corazones..." (1 Corintios 4:5). Y más adelante aseguró: "¿O no sabéis que los santos han de juzgar al mundo?" (1 Corintios 6:2).

Planeta desolado y Satanás encadenado

Mientras tanto, la Tierra quedará desolada y Satanás confinado por mil años. Tras la segunda venida de Cristo, todas las ciudades y edificios serán reducidos a escombros; las montañas se desfigurarán y todo quedará sumido en tinieblas: un paisaje sin vida humana, caótico e indescriptible, tal como lo anunció el profeta: "Miré a los montes, y he aquí que temblaban, y todos los collados fueron destruidos. Miré, y no había hombre, y todas las aves del cielo se habían ido. Miré, y he aquí el campo fértil era un desierto, y todas sus ciudades eran asoladas delante de Jehová, delante del ardor de su ira" (Jeremías 4:24-26).

No quedará vida humana en la tierra. Así se cumplirá lo anunciado por el apóstol Pablo: "Y destruirá con el resplandor de su venida" (2 Tesalonicenses 2:8).

Satanás quedará confinado en este mundo desolado como un prisionero sin nadie a quien tentar. La Escritura lo describe así:

> Vi a un ángel que descendía del cielo, con la llave del abismo, y una gran cadena en la mano. Y prendió al dragón, la serpiente antigua, que es el diablo y Satanás, y lo ató por mil años; y lo arrojó al abismo, y lo encerró, y puso su sello sobre él, para que no engañase más a las naciones, hasta que fuesen cumplidos mil años; y después de esto debe ser desatado por un poco de tiempo (Apocalipsis 20:1-3).

Este lenguaje es simbólico. Las "cadenas" representan las circunstancias que lo inmovilizan, pues un espíritu no puede ser encadenado. El "abismo" refleja el caos y la desolación total de la tierra, como en el principio: "La tierra estaba desordenada y vacía, y las tinieblas estaban sobre la faz del abismo..." (Génesis 1:2). Así será la tierra durante el milenio.

Después de los mil años

Imagina ese momento glorioso. Estás en el cielo y se escucha el gran anuncio: "¡Han pasado mil años... es hora de regresar con Cristo a la tierra!". Entonces comienza el viaje más majestuoso de la historia, no en una nave espacial sino con toda una ciudad descendiendo en majestad: la Nueva Jerusalén. La ciudad desciende radiante, repleta de sus habitantes, acompañada por Cristo mismo y una innumerable multitud de ángeles.

Zacarías lo profetizó desde el Antiguo Testamento: "Y Jehová será rey sobre toda la tierra. En aquel día Jehová será uno, y uno su nombre" (Zacarías 14:9). El apóstol Juan lo vio en visión desde la Isla de Patmos y lo describe así: "Y yo Juan vi la santa ciudad, la nueva Jerusalén, descender del cielo, de Dios, dispuesta como una esposa ataviada para su marido" (Apocalipsis 21:2).

La resurrección de los impíos y la última ofensiva del mal

En ese momento resucitarán todos los impíos de todas las épocas: "Los otros muertos no volvieron a vivir hasta que se cumplieron mil años... Y el mar entregó los muertos que había en él; y la muerte y el Hades entregaron los muertos que había en ellos; y fueron juzgados cada uno según sus obras" (Apocalipsis 20:5, 13).

Ahora, con los impíos resucitados, Satanás volverá a tener a quienes tentar: "Cuando los mil años se cumplan, Satanás será suelto de su prisión" (vers. 7). Entonces se preparará para un último y desesperado ataque contra la Santa Ciudad, convocando a todos los impíos para una rebelión final con el propósito de alcanzar la supremacía. Satanás reunirá a los suyos para el asalto definitivo: "Y saldrá a engañar a las naciones que están en los cuatro ángulos de la tierra, a Gog y a Magog, a fin de reunirlos para la batalla; el número de los cuales es como la arena del mar. Y subieron sobre la anchura de la tierra, y rodearon el campamento de los santos y la ciudad amada..." (vers. 8, 9).

Gog y Magog son símbolos proféticos (ver Ezequiel 38 y 39) que en Apocalipsis representan la rebelión final y unificada contra Dios. Pero esta batalla tendrá un desenlace definitivo y absoluto.

El juicio de los siglos: Satanás desenmascarado

Mientras los impíos rodean la ciudad amada, ninguno quedará excluido: todos estarán allí. Cada persona que rechazó la salvación comparecerá ante el trono de Dios:

> Y vi un gran trono blanco y al que estaba sentado en él, de delante del cual huyeron la tierra y el cielo, y ningún lugar se encontró para ellos. Y vi a los muertos, grandes y pequeños, de pie ante Dios; y los libros fueron abiertos, y otro libro fue abierto, el cual es el libro de la vida; y fueron juzgados los muertos por las cosas que estaban escritas en los libros, según sus obras. Y el mar entregó los muertos que había en él; y la muerte y el Hades entregaron los muertos que había en ellos; y fueron juzgados cada uno según sus obras (Apocalipsis 20:11-13).

En ese solemne momento la humanidad quedará dividida en dos grupos, frente a frente: los que están dentro de la Nueva Jerusalén, salvos para siempre; y los que están fuera, perdidos eternamente. Los que estén afuera verán rostros conocidos: personas que alguna vez despreciaron, juzgaron como indignas, tacharon de perdidas, o consideraron criminales, pero que un día se humillaron ante Dios, aceptaron la gracia y fueron transformadas. Dentro de la ciudad estarán los mártires y los fieles de todas las edades. Jesús ya lo había advertido: "De cierto os digo, que los publicanos y las rameras van delante de vosotros al *reino de Dios*" (S. Mateo 21:31).

Las pruebas vivas del poder transformador del evangelio estarán allí, tras los muros de la ciudad: hombres y mujeres que fueron instrumentos del mal, pero que creyeron en Cristo, se arrepintieron y fueron redimidos. No existe pecador sin esperanza, ni corazón tan endurecido que no pueda ser alcanzado por la gracia de Dios. Ningún ser humano, por más bajo que haya caído, queda fuera del alcance de la salvación, si tan solo abre su alma a Jesús y acepta esta promesa: "Si alguno está en Cristo, nueva criatura es; las cosas viejas pasaron; he aquí todas son hechas nuevas" (2 Corintios 5:17).

La destrucción final

Así como la arena del mar, la multitud de impíos, guiada por Satanás, marchará con furia hacia la ciudad de Dios. Pero el Cielo no permanecerá en silencio: "Y subieron sobre la anchura de la tierra, y rodearon el campamento de los santos y la ciudad amada; y de Dios descendió fuego del cielo, y los consumió" (Apocalipsis 20:9).

Acontecimientos del milenio[3]		
Al comienzo del milenio	**Durante el milenio**	**Al fin del milenio**
Segunda venida de Cristo, Apocalipsis 19:11-21.	Reino de los santos con Cristo en el cielo, Apocalipsis 20:4, 6; Daniel 7:27.	Desciende la santa ciudad, Apocalipsis 20:9; 21:2, con Cristo y los santos, Zacarías 14:9.
Se da muerte a los impíos, Apocalipsis 19:21; 2 Tesalonicenses 1:7, 8.	Los santos revisan en el cielo las causas de los humanos y de los ángeles impíos, Apocalipsis 20:4; Juan 14:1-3; 1 Corintios 6:2, 3; 2 Pedro 2:4; Judas 6.	Resurrección de los impíos o segunda resurrección, Apocalipsis 20:5, 13.
Resurrección de los justos, o primera resurrección, Apocalipsis 20:4-6; 1 Tesalonicenses 4:16-18.	Satanás y sus ángeles son atados en la ciudad, Apocalipsis 20:7-9. Tierra desolada, Apocalipsis 20:1-3.	Satanás es soltado; ataque a la santa ciudad, Apocalipsis 20:7-9.
Los justos son llevados al cielo, 1 Tesalonicenses 4:17; Juan 14:1-3.	La tierra permanece desolada y vacía, Isaías 24:19-22.	Juicio y destrucción de Satanás y de los impíos, Apocalipsis 20:11-15.
		La tierra es renovada, Apocalipsis 21:1; 2 Pedro 3:10-14.

La Escritura describe el final de la rebelión: "Y la muerte y el Hades fueron lanzados al lago de fuego. Esta es la muerte segunda. Y el que no se halló inscrito en el libro de la vida fue lanzado al lago de fuego" (vers. 14, 15). "Porque he aquí, viene el día ardiente como un horno, y todos los soberbios y todos los que hacen maldad serán estopa; aquel día que vendrá los abrasará... no les dejará ni raíz ni rama" (Malaquías 4:1).

No habrá un infierno eterno, ni quedará un recuerdo perpetuo del pecado que atormente la memoria de los redimidos. El mal será erradicado por completo y para siempre.

Decide hoy: un nuevo comienzo eterno

Cuando recién llegué a Montreal, apenas conocía algunas palabras en francés. Un día tomé un vuelo a California y en mi boleto aparecía el apellido "Bergeron". Pensé que era una abreviación de mi nombre, como en mi tarjeta del seguro de Quebec, y que quizá el aeropuerto me había asignado un código. En aquellos tiempos, la seguridad digital no era tan precisa. Pasé todos los controles, abordé el avión y me asignaron un asiento en primera clase, que supuse era cortesía de la aerolínea. Durante el vuelo, la azafata se acercó y me ofreció el menú. Le respondí sorprendido:

—Disculpe, yo no pedí esto.

Detrás de mí, el verdadero Sr. Bergeron respondió:

—Señor, por usted me costó embarcar; está en mi lugar... ¡y encima se va a comer mi comida! —Fue entonces cuando entendí que iba en el avión equivocado y hacia otra ciudad, aunque en primera clase. Bergeron sonrió y me susurró:

—Aunque sea el avión incorrecto, vas en primera clase, te atenderán de maravilla y comerás muy bien.

Así fue, pero viví una pesadilla: ¡iba rumbo a otro aeropuerto! Y pensé: *Así obra el enemigo. Te lleva por un camino equivocado, te ofrece placeres momentáneos, un estilo de vida cómodo, pero la dirección final es la perdición.* ¿Abordarías un autobús de lujo sabiendo que va en sentido contrario, solo porque es cómodo? ¿Vale la pena vivir unos pocos años agradables en este mundo, y perderse la eternidad con Cristo? ¡No es lógico!

Pronto los recuerdos del pecado y del dolor se borrarán de nuestra memoria. Solo quedará vivo el recuerdo glorioso del precio de nuestra redención, grabado para siempre en las cicatrices de Jesús. Él tiene tu nombre escrito en sus manos.

> No, todos ven que la autorrevelación de Dios es justa, que trató igual e imparcialmente con todos, y que la única diferencia entre los salvados y los perdidos es si aceptaron el Calvario o no. Dios no obliga a nadie a aceptar su don, aun su don más grande. Con excepción del Calvario, no hay salvación.[4]

Las mascotas no eligen a su dueño; siguen a quien las adopta. Pero el ser humano tiene el privilegio de decidir a quién entregar su alma. No dejes que el miedo guíe tu elección; permite que sea el amor inmenso de Cristo que te atraiga: "Y yo, si fuere levantado de la tierra, a todos atraeré a mí mismo" (S. Juan 12:32). Él te ama entrañablemente: "He aquí que en las palmas de las manos te tengo esculpida; delante de mí están siempre tus muros" (Isaías 49:16). Jesús, quien hizo posible tu redención, hoy te llama. No se ha olvidado de ti. Está a la puerta de tu corazón. Háblale en oración y responderá: "Y antes que clamen, responderé yo; mientras aún hablan, yo habré oído" (Isaías 65:24).

---

1. Elena G. de White, *El conflicto de los siglos*, p. 654.
2. *Ibíd.*, p. 656.
3. *Biblia de estudio de Andrews* (Pacific Press Publishing Association, 2014), p. 1608.
4. Norman Gulley, *¡Cristo viene!* (Buenos Aires: Asociación Casa Editora Sudamericana, 2003), p. 608.

Capítulo 10

Esperanzas en nuevos comienzos

La Tierra Nueva será el amanecer eterno, donde ya no existirán las sombras ni las despedidas. ¿Cómo podríamos menospreciar un regalo tan glorioso, una dicha tan insondable, una felicidad tan infinita? ¿Qué podría ofrecerte este mundo que valga más que vivir para siempre con Cristo?

A veces parece una demora, pero los atajos del Señor suelen parecernos los caminos más largos. Sin embargo al final, cuando entendamos los misterios de su providencia y que todo obró para nuestro bien, librándonos de cargas innecesarias, descubriremos que eran los más cortos. ¡Llegará el momento de "la redención de la posesión adquirida, para alabanza de su gloria"! (Efesios 1:14).

¡Ya no seremos peregrinos! "Y oí una gran voz del cielo que decía: He aquí el tabernáculo de Dios con los hombres, y él morará con ellos; y ellos serán su pueblo, y Dios mismo estará con ellos como su Dios" (Apocalipsis 21:3).

Cuando el Creador restaure lo perdido: el perfecto reinicio de la creación

Al comienzo de la historia de este mundo, "fueron, pues, acabados los cielos y la tierra, y todo el ejército de ellos. Y acabó Dios en el día séptimo la obra que hizo; y reposó el día séptimo de toda la obra que hizo. Y bendijo Dios al día séptimo, y lo santificó, porque en él reposó de toda la obra que había hecho en la creación" (Génesis 2:1-3).

La tierra fue entregada a Adán y a Eva (Génesis 1:27, 28), pero Satanás la usurpó durante mucho tiempo. No obstante, hacia el final de la historia del pecado en nuestro mundo, después de los mil años y tras haber puesto fin a la última batalla del universo, Cristo saldrá a renovarla. Ahora, gracias al plan de redención, será recreada: "Y el que estaba sentado en el trono dijo: He aquí, yo hago nuevas todas las cosas. Y me dijo: Escribe; porque estas palabras son fieles y verdaderas" (Apocalipsis 21:5).

Juan escribió: "Vi un cielo nuevo y una tierra nueva; porque el primer cielo y la primera tierra pasaron, y el mar ya no existía más. Y yo Juan vi *la santa ciudad, la nueva Jerusalén, descender del cielo*, de Dios, dispuesta como una esposa ataviada para su marido" (Apocalipsis 21:1, 2).

La palabra "nuevo" proviene del griego kainós (καινός),[1] que significa: nuevo en especie y calidad; fresco, sin usar, completamente novedoso:

> *Kainós*, que connota la idea de novedad con respecto a la forma o la cualidad, puede ser traducido "nuevo/a", "fresco", "diferente en cuanto a lo natural"... Pero el vocablo *kainós* de Pedro y Juan no es una tierra creada *ex nihilo*, sino la antigua Tierra recreada, renovada y limpiada de su contaminación por medio del fuego (2 Pedro 3:10-13; Apocalipsis 21:1). Las descripciones de la "tierra nueva" son pocas y breves; sin embargo, presentan una escena del

todo deseable: una tierra de paz y seguridad, perfección y felicidad, en la cual no existirán jamás el pecado, la muerte ni el dolor (Apocalipsis 21; 22). Su capital será la Nueva Jerusalén (Apocalipsis 21:2).[2]

Pero esa Nueva Jerusalén no será reconstruida, sino que es la ciudad celestial: la misma que aguardaron Abraham y los patriarcas (Hebreos 11:10, 16; Hebreos 12:22). No se trata de una simple renovación, como un automóvil restaurado, ni de una mejora superficial. Es algo completamente nuevo, radical y definitivo: "No es la Jerusalén de la Guerra de los Siete Días, ni la de la Mezquita de Omar, ni la del Muro de los Lamentos, ni la del Santo Sepulcro. La Nueva Jerusalén es más que una capa de pintura o una nueva obra vial. El cambio es total, y afecta a todo: 'Yo hago nuevas todas las cosas' (Apocalipsis 21:5)".[3]

El eco del Génesis se hará realidad

Isaías anunció respecto a la nueva creación: "'Porque como los cielos nuevos y la nueva tierra que yo hago permanecerán delante de mí', dice Jehová, 'así permanecerá vuestra descendencia y vuestro nombre. Y de mes en mes, y de sábado en sábado, vendrán todos a adorar delante de mí', dice Jehová" (Isaías 66:22, 23, RV95).

Los redimidos se reunirán semanalmente, no de domingo en domingo, ni de miércoles en miércoles, sino de acuerdo al plan original establecido en el Génesis: volveremos a las manos del Creador (Génesis 2:1-3). Será un nuevo comienzo. Un futuro glorioso donde la posibilidad del pecado habrá terminado:

"Tengo por cierto que las aflicciones del tiempo presente no son comparables con la gloria venidera que en nosotros ha de manifestarse" (Romanos 8:18).

Un reino donde no habrá muerte

Cristo ha hecho posible que todos podamos entrar en el cielo: "El Reino de la gloria será establecido en este mundo al fin del milenio, cuando la Nueva Jerusalén descenderá del cielo (Apocalipsis 20, 21). Si aceptamos a Jesucristo como nuestro Salvador, podemos convertirnos hoy en ciudadanos de su Reino de gracia, y participar del Reino de la gloria cuando venga por segunda vez".[4]

La promesa es segura: "Enjugará Dios toda lágrima de los ojos de ellos; y ya no habrá muerte, ni habrá más llanto, ni clamor, ni dolor; porque las primeras cosas pasaron" (Apocalipsis 21:4). Jesús predicó todo tipo de sermones: en la montaña, junto al mar, en casas humildes o en templos abarrotados. Pero en su homilética divina jamás pronunció un solo sermón fúnebre. La muerte no tenía cabida donde él estaba, porque la vida misma hablaba a través de su voz: "Yo soy el camino, y la verdad, y la vida..." (S. Juan 14:6).

Nosotros, los ministros de la Palabra, predicamos en funerales, pero lo hacemos para proclamar que en Cristo hay esperanza. Ningún líder religioso habló como él: "Yo soy la resurrección y la vida; el que cree en mí, aunque esté muerto, vivirá" (S. Juan 11:25). En esta promesa reposa nuestra fe y arde la llama de la vida eterna.

Cuando visité la majestuosa tumba del renacentista Miguel

Ángel Buonarroti, en la Basílica de Santa Cruz, en Florencia, Italia, me impactaron tres esculturas cuyos rostros tristes representaban la pintura, la arquitectura y la escultura. Aquellos semblantes reflejaban tal duelo, que parecía que hasta del mármol brotarían lágrimas.

Pero en la Tierra Nueva el sufrimiento no quedará petrificado, porque ningún músculo facial volverá a expresar tristeza, preocupación, dolor u odio. El rostro de Adán, de Eva y de sus descendientes será restaurado a la imagen perdida. Tampoco la abuela será la anciana marcada por los años: será joven otra vez, y correrá y saltará como una niña. ¡Se acabarán los dolores! (Isaías 65:17-25). El pecado será extirpado por completo; no quedará ni un milímetro contaminado por su presencia en todo el universo. No habrá enfermedades ni sus efectos. ¡Este es el reino de gloria!

Una visión distinta de la muerte se encuentra en la escultura dedicada a George Friedrich Händel, celebrado por su obra El Mesías, y enterrado en la Abadía de Westminster, en Londres. Su tumba se encuentra en el transepto sur, conocido como el Rincón de los Poetas. Sobre ella se levanta un monumento esculpido por Louis-François Roubiliac, que presenta a Händel en una estatua de tamaño natural, rodeado de instrumentos musicales y acompañado por un ángel que toca un arpa. A sus pies, una partitura abierta de su obra El Mesías muestra las palabras: "Yo sé que mi Redentor vive". El dedo índice de la estatua señala precisamente esa frase, la misma que formó la base de la esperanza de Job en la resurrección. El texto de esta pieza musical inspiradora fue tomado de Job 19:25 y 26 y de

1 Corintios 15:21 y 22. El escultor logró plasmar la esencia de El Mesías de Händel: la esperanza viva en un Redentor.

¿De qué manera estás esculpiendo tu futuro? ¿En qué descansa hoy tu esperanza? ¿Cómo serás recordado? ¿Dónde guardas tus sueños más profundos en medio de tantos conflictos? ¿Con quién compartirás este mensaje de vida? Tal vez hoy estés enfermo en un hospital, o vivas sin acceso a atención médica, atrapado en la depresión o en una adicción, y sientas que la muerte te rodea. Quizá tu corazón sufra por la ausencia de un ser querido. Pero llegará para ti el fin de todas las consecuencias del pecado. Sin esta esperanza gloriosa, nuestra predicación no tendría sentido.

Un reino sin llanto, ni clamor, ni dolor

Como consecuencia del pecado, tanto los extremos del dolor como los de la felicidad nos arrancan lágrimas. La muerte es el mayor dolor humano; pero incluso en los momentos de mayor gozo nuestras lágrimas se hacen presentes. ¿Has visto o experimentado esas lágrimas cuando alguien recibe un premio tras grandes esfuerzos, cuando un hijo perdido regresa a casa, cuando un ser querido se bautiza, o en el reencuentro con la familia después de tanto tiempo? ¿Has visto a jóvenes en tierras lejanas fundirse en un abrazo con sus padres, llorando de alegría tras alcanzar sus sueños?

Sin embargo, llegará el día en que la felicidad será perfecta, sin pausas para secar lágrimas: "Enjugará Dios toda lágrima de los ojos de ellos; y ya no habrá muerte, ni habrá más llanto, ni clamor, ni dolor; porque las primeras cosas pasaron"

(Apocalipsis 21:4). ¡Ese día vendrá! Viviremos una alegría plena, sin interrupciones, sin momentos de tristeza. Nuestra esperanza es Jesús.

Todas nuestras inquietudes tendrán respuesta delante del Señor. ¿Qué le preguntarás al Hijo de Dios cuando lo veas cara a cara? "Y oí una gran voz del cielo que decía: He aquí el tabernáculo de Dios con los hombres, y él morará con ellos; y ellos serán su pueblo, y Dios mismo estará con ellos como su Dios" (Apocalipsis 21:3).

La providencia divina te ha guiado hasta aquí. Y ahora, esta es la invitación: "Y el Espíritu y la Esposa dicen: Ven. Y el que oye, diga: Ven. Y el que tiene sed, venga; y el que quiera, tome del agua de la vida gratuitamente" (Apocalipsis 22:17).

¿Qué otras maravillas nos esperan en el reino del Señor?

Cuando Dios creó el mundo y a nuestros primeros padres, planeaba que vivieran eternamente:

> El fruto del árbol de la vida en el Huerto de Edén poseía virtudes sobrenaturales. Comer de él era vivir para siempre. Su fruto era el antídoto de la muerte. Sus hojas eran para el sostenimiento de la vida y la inmortalidad. Pero por causa de la desobediencia la muerte entró al mundo. Adán comió del árbol del conocimiento del bien y del mal, cuyo fruto se le había prohibido tocar. Su transgresión abrió las compuertas de la aflicción sobre nuestra raza.[5]

Pero en la Tierra Nueva volverá a estar el árbol de la vida, dando su fruto cada mes. Llenará de gozo a los redimidos que caminen por llanuras hermosas, cubiertas de vegetación fresca y fragante: "En medio de la calle de la ciudad, y a uno y otro lado del río, estaba el árbol de la vida, que produce doce frutos, dando cada mes su fruto; y las hojas del árbol eran para la sanidad de las naciones" (Apocalipsis 22:2).

¿Por qué los santos en la tierra nueva necesitan comer del árbol de la vida? Su función en el Edén (Génesis 2:9; 3:22-24) ofrece la respuesta: para perpetuar la vida (ver Génesis 3:22). El árbol en el Apocalipsis recibe sus propiedades curativas del trono de Dios y del Cordero (Apocalipsis 22:1, 2). Ya lo había anunciado Ezequiel: "Todos los meses traerán frutos nuevos, pues sus aguas brotan del santuario" (Ezequiel 47:12, BC).[6]

¿Te imaginas tocando un arpa o una trompeta con maestría, cantando con el coro celestial? Desarrollarás todos los talentos que en esta vida quedaron limitados. El conocimiento crecerá sin fin y todos los seres creados habitarán en paz. "Morará el lobo con el cordero, y el leopardo con el cabrito se acostará; el becerro y el león y la bestia doméstica andarán juntos, y un niño los pastoreará" (Isaías 11:6). "Y no habrá más maldición; y el trono de Dios y del Cordero estará en ella, y sus siervos le servirán, y verán su rostro... No habrá allí más noche... porque Dios el Señor los iluminará; y reinarán por los siglos de los siglos" (Apocalipsis 22:3-5).

No habrá templo, porque el Señor Dios Todopoderoso y el Cordero serán nuestro templo allí (Apocalipsis 21:22). La belleza del paraíso no estará en sus paisajes, sino en la presencia gloriosa de Cristo. Lo más grandioso será contemplar a nuestro Salvador cara a cara. No existen palabras para expresar lo que significará estar a su lado, como él mismo nos prometió: "Vendré otra vez, y os tomaré a mí mismo, para que donde yo estoy, vosotros también estéis" (S. Juan 14:3).

El plan para estar en su reino

¿Te parece bonito el hogar nuevo, creado especialmente para los redimidos? Entonces, ¿cómo llegar allí?

> Nunca podremos llegar a ser por nosotros mismos esa clase de personas santas y piadosas. Cedemos a la debilidad muy fácilmente; constantemente hacemos cosas mezquinas. No podremos estar en condiciones de vivir en la tierra renovada hasta que nosotros mismos seamos renovados. "En verdad, en verdad te digo —dijo Jesús—: El que no nazca de lo alto no puede ver el reino de Dios" (S. Juan 3:3).[7]

Una pintura o una obra maestra puede necesitar un marco dorado para resaltar su belleza, pero las flores poseen una hermosura natural; ¡no requieren adornos! El jarrón no las embellece, ellas mismas son el adorno. Y nosotros, aun en medio de un mundo convulsionado y lleno de incertidumbre, valemos infinitamente más que los lirios del campo. Fuimos comprados con un precio incalculable: la sangre preciosa de Cristo. Cuando dirigimos nuestra mirada a la cruz, comprendemos el valor que tenemos ante Dios. El Padre, el Hijo, el Espíritu Santo y los ángeles están de tu lado para sostenerte y acompañarte.

Esperanzas en nuevos comienzos

"El Señor viene" (1 Corintios 16:22) es la transliteración aramea de *Maranata*. Algunos la traducen así: "¡Oh, Señor nuestro, ven!". Este ha sido el saludo anhelante de los creyentes a lo largo de los siglos. ¡Mantén vivo este anhelo!

No esperes una segunda oportunidad ni postergues tu decisión. No dejes que riquezas pasajeras o buenas obras sustituyan la gracia, porque allí está la salvación. Dedica tiempo a conocer a Cristo. "El que da testimonio de estas cosas dice: Ciertamente vengo en breve. Amén; sí, ven, Señor Jesús. La gracia de nuestro Señor Jesucristo sea con todos vosotros. Amén" (Apocalipsis 22:20, 21). "Porque en esperanza fuimos salvos..." (Romanos 8:24). El reino de la gracia y el de la gloria son una promesa: "De cierto os digo, que el que no recibe el reino de Dios como un niño, no entrará en él" (S. Lucas 18:17). Acércate con humildad, ora, estudia su Palabra, alaba y comparte la salvación. "He aquí, tu Rey viene..." (S. Juan 12:15). ¡Maranata! "Alzad, oh puertas, vuestras cabezas... y entrará el Rey de gloria" (Salmo 24:7). Que este sea el clamor ardiente de tu corazón: "Amén; sí, ven, Señor Jesús" (Apocalipsis 22:20).

---

1. *The Interlinear Bible Hebrew-Greek-English* (Hendrickson Publisher, 2005), p. 964.
2. *Diccionario bíblico adventista* (Florida Oeste, Buenos Aires: Asociación Casa Editora Sudamericana, 2011), p. 115.
3. Jacques B. Doukhan, *Secretos del Apocalipsis* (Asociación Publicadora Interamericana, 2008), p. 199.
4. *Creencias de los adventistas del séptimo día* (Nampa, Idaho: Pacific Press Publishing Association, 2018), p. 76.
5. Elena G. de White, *Testimonios para la iglesia*, t. 8, p. 303.
6. Hans K. Larondell, *Las profecías del fin*, p. 507.
7. C. Mervin Maxwell, *Dios revela el futuro* (Pacific Press Publishing Association, 1989), t. 2, p. 513.

UNA INVITACIÓN PARA USTED

Si este libro ha sido de tu agrado, si la esperanza presentada te ha resultado inspiradora, te invitamos a seguir explorando los principios divinos a fin de prepararte para la venida del Rey. Hay miles de congregaciones alrededor del mundo que comparten estas ideas y estarían gustosas de recibirte en sus reuniones. La Iglesia Adventista del Séptimo Día es una iglesia cristiana que espera el regreso del Señor Jesucristo y se reúne cada sábado para estudiar su Palabra.

En Norteamérica, puedes llamar a la oficina regional de tu zona o escribir a las oficinas de la Pacific Press® para recibir mayor información sobre la congregación que te quede más cercana. En Internet puedes encontrar la página de la sede mundial de la Iglesia Adventista en www.adventist.org.

OFICINAS REGIONALES

UNIÓN DEL ATLÁNTICO
400 Main Street
South Lancaster, MA 01523
Tel. (978)368-8333

UNIÓN DEL CENTRO
8307 Pine Lake Road
Lincoln, NE 68516
Tel. (402)484-3000

UNIÓN DE COLUMBIA
5427 Twin Knolls Road
Columbia, MD 21045
Tel. (410)997-3414

UNIÓN DEL LAGO
P.O. Box 287
Berrien Springs, MI 49103
Tel. (269)473-8200

UNION DEL NORTE DEL PACÍFICO
5709 N. 20th Street
Ridgefield, WA 98642
Tel. (360)857-7000

UNIÓN DEL PACÍFICO
2686 Townsgate Road
Westlake Village, CA 91361
Tel. (805)413-7100

UNIÓN DEL SUR
302 Research Drive NW
Peachtree Corners, GA 30092
Tel. (770)408-1800

UNIÓN DEL SUROESTE
777 South Burleson Boulevard
Burleson, TX 76028
Tel. (817)295-0476

UNIÓN DE CANADÁ
1148 King Street East
Oshawa, Ontario L1H 1H8
Canadá
Tel. (905)433-0011